JN195789

豚を飼う農耕民の民族誌

タイにおけるモンの生業文化とその動態

中井信介
Shinsuke NAKAI

ETHNOGRAPHY
ON FARMERS KEEPING PIGS
Subsistence Culture of Hmong
and Its Dynamics in Thailand

明石書店

Ethnography on Farmers Keeping Pigs:
Subsistence Culture of Hmong and Its Dynamics in Thailand
Shinsuke NAKAI
Akashi Shoten Co., Ltd., 2025
ISBN978-4-7503-5910-6

はじめに

　現在のタイ北部の山地に住む農耕民モン（Hmong）の人々は、豚と共に暮らしてきた。例えば現在の彼らの村での暮らしを観察すると、どの家においても生業として豚を飼い、儀礼と共に食していることに気付く。つまり豚を飼い食することは、彼らにとって欠かせない民族文化の1つになっている。

　本書ではこのようなモンの人々の暮らしにおける、生業文化について、とりわけ豚という家畜との関わりに焦点をおいて記述する[1]。この記述を元に、本書の後半で議論するのは、豚を飼う文化の継続性の問題や、生業文化の動態の問題である。

　このような議論の前段としては、以下の焦点を設定している。まず1つ目は、モンの人々が、どのように豚を飼い食しているのかという、生業文化の実像を具体的な事例から示すことである。2つ目は、この豚をめぐる生業文化がどのような変化・変容を内包するものかを考察することである。

　モンは中国南部の貴州省や雲南省あたりを故地とする人々であり、現在の中国では苗族（ミャオ族：Miao）と称される少数民族の一支系である（写真0−1）。

写真0−1　集落と焼畑地の間を往来するモンの男性（タイ北部ナーン県 HY 村、2005 年 6 月）

モンの人々は清代を通して漢民族に対する反乱をたびたび起こして、戦いに敗れてきたことが記録されている（Michaud 2000）。そして一部の人々が、19 世紀末にはベトナム、ラオス、タイへと移住してきた（Geddes 1976、Michaud 2000、2006）。

　タイでも北部には標高 1000 〜 2000m 程度の山地景観が広がり、このような山地景観の間を流れる河川に沿って盆地がひらけている。これは、バンコク近郊に広がる平地の水田景観とは大きく異なる。タイ北部に見られるこの山地景観は次第に標高を高めながら、ラオス北部、ベトナム北部、中国雲南省へと続き、東南アジア大陸部の山地地域として一定のまとまりを示している。この地域には多様な少数民族が暮らすことが知られている（Kunstadter 1967、白鳥 1978）。

　現在のタイ国内に暮らす民族としては、モンの他に、カレン（Karen）、アカ（Akha）、ミエン（Mien）、カム（Khmu）といった集団が挙げられる。タイの山村に暮らすこれらの集団は、稲作を主に焼畑で行い、水田は山地に流れる川沿いでわずかに行ってきた[2]（写真 0 - 2）。

　豚を飼い、肉として食する豚肉食は、アジアでは、とりわけ中国の食文化を代表するものである。現代の中国においては、漢民族だけでなくその周縁の少数民族の世界においても同様に盛んである（中林 2018）。そして中国南部に暮らしてきたモンの人々にとっても、豚肉食は長らく当然の民族文化として存在

写真 0 - 2　馬や牛を用いて移動するタイのモン（1970 年代）
出所：Cooper（2008）

4

し、それがタイにまで移住してきた集団において、現在も継続して行われているものと考えられる。

　東南アジアを含めて中国の周縁社会に生きる人々の暮らしにおいて、豚を飼い、肉として食べることは、どのような意味をもってきたであろうか。この視点からは、例えば1950年代には大林により比較文化的な研究が試みられ、生業文化の類型論が展開されている（大林1955）。アジアにおいてもイスラームの世界においては、一般に豚を飼うことはなされない、とされる。しかし、細部をみればマイノリティの人々による例外的な飼育事例がある（cf. 池谷2012、砂井2013）。端的には、華僑などの中国の食文化に影響を受けた民族の移動と分布域の拡大とともに、彼らの豚肉食とそれを支える飼育の状況が変容してきていることが考えられる[3]。

　現在のタイ王国においてタイ系の民族は多数派であり、王国そして現在は国家を支える中心的な存在としてある。このタイ系民族の人々はどのような家畜と暮らしてきたであろうか[4]。一般には豚よりは鶏、なにより牛・水牛の肉がごちそうであり、日常的なタンパク源としては魚が重要であった。タイで水田稲作を営んできた農耕民が、豚を飼う営みをどの程度積極的に行ってきたかは不明点が多い（程度を示す詳細な資料はあまり確認できない）。家畜のなかでの豚の重要性は相対的に低いものとして存在してきた可能性がある。ただし、とりわけ20世紀以降、華僑など中国からの移民が増加し、タイ社会のなかで重要なアクターとなるなかで豚肉食が普及してきている（柿崎1998）。これに対して20世紀以降のタイ北部の山地においては、モンをはじめとして、中国南部で豚とともに暮らしてきた焼畑農耕民の人々が、相当数移住して、存在してきたという経緯がある。

　本書で主な事例として詳細を示す、タイのモンの人々についての先行研究を概観すると、社会からは、およそ次の3つの点から注目されてきた。1つ目は、インドシナ戦争の関係者という視点であり、アメリカの戦争に利用・翻弄された人々として、戦争後のアメリカ等への難民としての移住の問題とあわせて注目されてきた。そして2つ目は、焼畑農耕による環境破壊者という視点である[5]。この視点は、モンに限らず、20世紀以降のタイ北部の山地に暮らしてきた

いくつかの少数民族（タイ国内の文脈では「山地民」とまとめて呼ばれることがある）が、移住や人口増加により問題化したことによる。そして3つ目が、2つ目の焼畑農耕で行うケシ栽培者という視点であり、タイに限らず隣国のラオスやミャンマーを含めて、国境付近で違法な栽培を行い、国家の定める法に従わない人々として問題化されてきた。この他にも、色鮮やかな民族衣装の物質文化など、モンの人々が注目されてきた文脈を挙げることはできるが、マクロな政治や社会の問題と関連する点としては、上記の3点が挙げられる。

　本書では、上記のような注目をされてきたモンの人々について、暮らしと生業文化を民族誌的に示し、その動態について考察する。資料には主に、筆者によるタイでのフィールドワーク資料を用いて、彼らの生業文化、とくに豚などの家畜を飼い食する状況を中心に描く。本書による研究は、稲作と米食を中心とする、東南アジアの農耕民の生業文化の実像を、家畜飼育の側面をあわせて、より総合的に理解する上で欠かせない視点を提供する。さらには、家畜と共に暮らす人々の研究として、乾燥地や高緯度の草地などで、牛・ラクダ・山羊・羊などと暮らす牧畜民とは位相が異なる、東南アジアの農耕民の生業文化の一端を示すものである。

注

1) 筆者がこれまで集中的なフィールドワークを行ってきたタイ北部のナーン県のモンの人々の事例（HY村）を主に示す。HY村の位置するナーン県は、タイ北部地域の東側で、ラオスと国境を接する。
2) タイ北部山地の村においても、モータリゼーション、作物栽培や家畜飼育の技術の近代化といった社会の変容は、程度の差を示しながらも進行してきた。具体的には、道路の舗装・バイクや車の利用、農業機械・改良種苗・化学肥料・農薬・配合飼料・改良家畜品種などの利用として確認される。
3) 例えば現在のインドネシア（ジャワ島西部）に存在したバンテン王国の事例では、1600年代からの糖業の展開の際に、必要な労働者として華人が関わったことが知られている。とりわけ熟練労働者は華人であり、また過酷な労働を支えるためにはアヘンが不可欠であったとされる（太田 2014:290-297）。
4) タイ系の民族も、中国が元の時代であった13世紀に、中国南部からの移動が盛んであったことが知られている（綾部 1971）。雲南の大理を中心に栄えた南詔国と後継の大理国にタイ系民族が関わった可能性の議論があるが、この大理国を1253年にモンゴル帝国のクビライ（1260年に第5代皇帝、1271年に国号を大元とした）が征服した影響と、同時期のクメール王国の

ジャヤーバルマン 7 世の死去（1218 年）と影響力の低下が、タイ系民族の移動と、その後の
スコータイ王朝の成立（1240 年頃）につながったとされる。タイ系民族においても、いわゆ
る大乗仏教の影響が低下して、現在につながる上座部仏教が導入されるのは、第 3 代のラー
ムカムヘーン王（在位 1279 年頃～ 1298 年）の頃とされる（石井・桜井 1999）。現代のタイ系民族
においては、上座部仏教の信仰と同時に、精霊の信仰と関連する様々な儀礼が実践されてい
て、鶏や豚といった家畜が供犠・共食される機会がある（田辺 2013）。

5) 言説としての注目であり、実際に焼畑実践が自然環境にどの程度影響を及ぼしてきたのかに
ついて、実態を示すデータはそれほど多くない（cf. 佐藤 2021）。

目　次

第 1 章
問題設定

ここではまず本書の問題設定の詳細について述べる。それぞれ、1 - 1 では先行研究の検討、1 - 2 では目的・方法・枠組み・本書の構成について述べる。

1 - 1　先行研究の検討

1 - 1 - 1　家畜文化研究

人類はこれまで世界中に活動拠点を広げる過程で、多様なかたちの生業文化を育んできた。世界の生業文化に関する研究は、20 世紀以降に研究の積極的な蓄積がみられた文化人類学などの分野においてとりわけ顕著な貢献がなされてきた。そこでは狩猟採集民、農耕民、牧畜民といった、集団の主要な生業に基づいた分類が行われ、それぞれの集団の生業の特性が記述されてきた[1]。文化人類学のなかでも、とくに生態人類学と呼ばれる分野では、森や海に暮らし、さまざまな生き物を資源として利用する人々の研究がなされてきた。

家畜の定義

人類は長い時間をかけて野生植物の栽培化を行い、加えて、野生動物についてもこれを家畜化してきた（Sauer 1952、Thomas 1956、Zeuner 1963、Ucko and Dimbleby 1969、Ingold 1988、松井 1989、Harris 1996、Clutton-Brock 1999、Albarella et al. 2007、Shipman 2010、フェイガン 2016）。現代社会にみられる牛、豚、鶏などの家畜はその代表的なものであろう。人類は家畜の飼育を継続するなかで、地域や集団に固有の人と家畜の関係、いわゆる家畜文化を形成してきている[2]。

さて、そもそも家畜とは何であろうか。家畜の定義としては次のものが一般

的である。

> 「家畜とはその生殖がヒトの管理のもとにある動物である」
> （野澤 1975、野澤・西田 1981、在来家畜研究会 2009、長谷川 2011）。

　本書では家畜について、上記の生殖管理の点に留意した定義をひとまず採用することにする。次に、飼育、いわゆる「飼う」営みについて、ここでは、生き物の「行動を制限する」ことと、定義してみる。これは既に、比較的広めの定義であり、本書の事例で示される、家畜を「小屋や囲いに入れる」ことや、野生動物を「逃げないようにヒモをくくりつける」「音を使って行動に影響を及ぼす」ことなどを想定している。なお、家畜や餌付けされた動物の場合、制限が「ゆるやか」で「放し飼い」の状況が生じる場合もある。ただし、野生のトナカイの放し飼いや、野生化した豚の放し飼いなどの事例では、行動の制限はほとんどなく、人間側の所有の認識が、「家畜」を成立させている場合もあるだろう（松井 1989、高橋 1995、野林 2009）。これを考慮に入れると、所有の認識や餌付けといったレベルで、生き物と「関わりを持つ行為」は、「飼う」ことの、より広い定義とみなせると本書では考える。

牧畜民研究への偏り

　人の生活に家畜がどのように関わっているか、という広義の家畜文化研究は、自然と人間の関係に主要な関心を置く生態人類学や文化地理学の分野で盛んに行われてきた[3]。例えば日本の研究者による研究の状況は、1980年代半ばまでは福井・谷編（1987）において、2000年代までは佐藤（2002）、田中ら（2004）、池谷（2006）、稲村（2014）において、2010年代までは太田・曽我（2019）やシンジルト・地田（2021）において、概観できる。このような家畜文化研究は、地域と家畜の組み合わせにより、ある程度単純化して分類できる。

　牧畜民と呼ばれる人々は基本的に生業に家畜が不可欠であり、家畜と共に生きる人々である（Galaty and Johnson 1990）。彼らは農耕が困難な地域において、わずかに存在する植生を、家畜を通して利用する。植生に乏しいその地域は、いわゆる乾燥地、あるいは高地、そして高緯度地域が相当する[4]。この牧畜民の先行研究に

おいては牧畜という生業の変化と、社会の変動（国家の社会主義化など）との関連を検討する研究が盛んである（cf. Salzman 1980、Galaty and Salzman 1981、Little 1982、Galaty and Johnson 1990、佐藤 1992、稲村 1995、小長谷 1996、Salzman 1999、高倉 2000、佐藤 2002、田中ら 2004、Fratkin and Roth 2005、福井 2005、池谷 2006、湖中 2006、風戸 2009、孫 2012、太田・曽我 2019、シンジルト・地田 2021）。なお、人々の定住化（Sedetarization）の研究は、上記の生業の変化や社会の変動とも関連して、牧畜民の研究者も関心を寄せてきた。人類史においては、狩猟採集を生業とする遊動的な状況から、しだいに定住生活へと移行してゆき、農耕や牧畜がはじまり、都市を形成してきた流れがあり、定住化は考古学の分野で重要な主題として議論が積み重ねられているが（Bellwood 1978、2005、西田 1984、1986、2007、Nishida 2001、矢野 2014、渡部 2019）、あわせて牧畜民や狩猟採集民の研究者も関心を寄せる主題である[5]。

　地球上においては、上記の乾燥地、高地、高緯度地域を除けば、比較的降水量があり植生も豊かな土地が広がっている。そこではいわゆる農耕を営む人々が生活し、農耕に加えて家畜を飼っている。次にこの農耕民における家畜文化研究を概観する。

農耕民研究における家畜文化：山地環境への適応

　いわゆる産業革命とその後の近代化が進んだ19世紀以降の世界では、都市が大きく発展するなかで、都市近郊から次第に、農耕民の生業も集約化・効率化を高める方向への変容が起きてきた。そして人と家畜の関係は、この流れのなかで、先進諸国からしだいに畜産業的な営みへと変容している。しかし、これらは長い時間の経過をともなうものであり、いわゆる山地や島嶼といった地域においては、従来の生業文化が、変容を伴いつつも維持されてきている。本書では、この大枠の認識のなかで、農耕民の家畜文化について考える。

　家畜飼育が生業の中心に位置づく牧畜民と異なり、農耕民において生業の中心は農耕にあり、家畜飼育は二次的な存在となる（cf. 石田 1961）。ただし、山地などの中間的あるいは境界的な地域においては、農牧複合と呼ばれる状況も存在する（cf. 山口 2005）。山地では高度により生業が異なるため、先行研究においても農耕だけでなく、家畜飼育や狩猟採集を含めて、その特性と環境への適応

状況に関心が置かれる傾向がある（cf. Netting 1968、1981、Price 1981、Guillet 1983、Spear1997、山本・稲村 2000、Funnell and Price 2003、上田 2011、Lozny 2013、田中 2018）。すなわち山地において、生業が土地利用と関係付けられる場合には、焼畑、放牧、林産物採取といった活動と自然環境との関係性が検討されることになる[6]。このうち放牧に関する先行研究を概観すると、牛、羊、ヤクといった家畜が主に検討され、具体的にはヒマラヤ周辺地域などの 4000m 級の高地までの利用を対象とした研究がある（cf. 池田・小野 2004、Yi et al. 2007、渡辺 2009、山口 2011）[7]。

　山地環境への文化的適応に関する研究として、例えば Lozny（2013）による論集をみよう。タイトルは『Continuity and Change in Cultural Adaptation to Mountain Environments』としている。内容の半分はヨーロッパ地域の関連のもので、フランス周辺の山々、例えばアルプスやピレネーなどを対象とした景観考古学（Landscape archaeology）的な内容に相当する。残り半分の内容は、アメリカのロッキーやアンデス、モロッコのアトラスといった、山地への適応を気候との関係から検討したもののほか、アジアでのヒマラヤ、中国南西部、フィリピンを対象にしている。これらアジアの論考では、グローバリゼーションや市場化といった現代的な社会の文脈への適応を、ヒマラヤ山脈・シェルパ族のヤク交易、ルソン島コルディレラ山脈・イフガオ族の棚田稲作の視点から示している。そして、本書の対象地に最も近い、中国南西部のイ族（Nuosu）を対象にした論考では、山地環境ゆえの民族のプライドの保ち方を描いている。このような論集においても、家畜文化にはとくに関心は及んでいない。

東南アジア大陸部山地の家畜文化：牛・水牛・豚・鶏

　東南アジアの大陸部に農耕民が現れたのは、考古学の成果によると紀元前 3500 年頃とされる（Bellwood 2005）。そして現在のタイの領域で最古級の稲作の証拠は紀元前 2300 年頃のものであり、紀元前 2300 〜 1500 年頃の遺跡（Nong Nor）では、犬、豚、鶏といった家畜を飼う営みが示唆されている（Bellwood 2005）。この地域では青銅器の利用が紀元前 1500 年頃から、鉄器の利用が紀元前 500 年頃からはじまるとされ、およそ、牛は青銅器と共に、水牛は鉄器と共に現れている（Higham 2014）。

　東南アジア大陸部の山地は高いところでも 2000m 程度であり、上記の 4000m

程度の高地まで含んだ土地利用とは状況が異なる。東南アジア大陸部の山地で
も、家畜を継続して飼うために人々が放牧地をどのように確保するか、あるい
は放牧地が制限されつつあるのかを検討した先行研究では、農地との関連によ
る放牧地確保の問題から、牛飼育が困難になる事例が報告されている[8]。このよ
うな先行研究で十分検討されていない問題に、放牧という広い土地利用との関
わりが少ない豚や鶏などの小型家畜の飼育に関する研究が挙げられる。

　東南アジア大陸部における標高1000m前後の山地では、これらの小型家畜が
村内の多くの世帯で、各戸数頭ずつ小規模に飼われていることが概説されてき
た（cf. Bernatzik 1947、Izikowitz 1951、Halpern 1964、飯島 1971、岩田 1971、Lemoine 1972、
Geddes 1976、Kunstadter 1978、量 1978、Nakano 1978）。しかし、詳細な民族誌記録と
なると限られ、例えば牛・水牛の場合は、畑地の耕起利用や、収穫後の刈り後
地や林間を利用した季節的な放牧との関わりから（高谷 1985、高井 2002、2011、増
野 2005、園江 2006、Takai and Sibounheuang 2010、中辻ら 2015、中辻 2023）、鶏の場合は
闘鶏や儀礼利用との関わりから（吉田 1994、秋篠宮 2000、Sirindhorn and Akishinonomiya
2010、Ikeya et al. 2010、Masuno and Ikeya 2010、増野 2015）、関心がもたれてきた。

　そして豚は、牛や鶏と同様に東南アジアの農耕民が飼ってきた家畜である
（大林 1955，高井ら 2008、Masuno and Nakai 2009、在来家畜研究会 2009、Masuno 2012、中
辻 2013a、増野 2015）（写真1－1）。なお人類学関連の分野では、オセアニア・パ
プアニューギニア高地の事例に、1960年代から特別な関心の集中が示されて、
豊かな先行研究群が存在する（cf. Vayda et al. 1961、Lea 1964、Rappaport 1968、Strathern
1971、Sillitoe 1979、2002、2003、2021、Hide 1981、2003、Boyd 1984、2001、秋道 1993、
Akimichi 1998、梅崎 2000、2007、小谷 2005、2021）。以下に、豚を飼う文化に関する
先行研究の概要を述べる。

豚を飼う文化の研究

　豚（*Sus scrofa domesticus*）は、牛や鶏とともに農耕民に広く飼われる家畜であり、
世界の各地でイノシシ（*Sus scrofa*）から家畜化されたとされる（Giuffra et al. 2000、
Larson et al. 2005、Albarella et al. 2007）。しかし、豚とイノシシは現在も交雑可能であ
ることから、「イノシシは家畜化されたのか、管理されていただけなのか」とい
う基本的な問いが改めて示される存在でもある（フェイガン 2016:71-74）。

15

写真 1 − 1　畜殺して、豚を解体するモンの男性（タイ北部ナーン県 HY 村、2006 年 3 月）

　なお人類史において、人がオセアニアに展開するにあたり連れて行った家畜は、豚、犬、鶏の 3 つであるとされる。そして、これらの家畜の中では、豚が考古学や民族学の情報が豊富である（Bellwood 1978）。ちなみに、Albarella et al.（2007）は『Pigs and Humans: 10,000 Years of Interaction』と題された論集であるが、内容は考古学関連が中心であり、現代の民族誌研究からはパプアニューギニアと地中海の島（サルディーニャとコルシカ）の事例がある程度で、アジアの事例を踏まえた検討はなされていない。

　豚を飼う文化に関する生態人類学の研究には、先に述べたように、パプアニューギニアの事例に基づくものが多く存在する。なかでも、大規模な儀礼による豚の大量畜殺が生態系の仕組みを調整する役割を果たしている可能性を示した、Rappaport（1968）の研究がよく知られている。以下に少し詳しく紹介しよう。

　パプアニューギニアの高地では、畑作でのサツマイモ（*Ipomoea batatas*）栽培に特化した農耕が展開され、豚を飼うことが重要な生業となっている。Rappaport（1968）はツェンバガマリン族（Tsembaga Maring、人口 204 人、1963 年 11 月）を対象

として、1962 年 10 月から 1963 年 12 月に調査を行った。その中で、大規模な儀礼での大量畜殺によって 1962 年 6 月に 169 頭であった豚が、1963 年 11 月には 15 頭の成豚と 60 頭の子豚に減少したことを示している（Rappaport 1968:57）。

このように、Rappaport（1968）は集団が飼う豚の頭数と畜殺頭数を把握することから、儀礼による豚の大量畜殺が生態系に影響する可能性を指摘した。この Rappaport（1968）の研究のあとには、Hide（1981）が、さらに精緻な調査を行い、集団レベルの豚の飼育頭数、出産頭数、消費頭数などを定量的に把握し研究を発展させた。また Hide（1981）は豚の餌に関して、とくに給与されたサツマイモの重量を把握している。

以上のような 1970 年代頃までの研究は、生態系を 1 つの仕組みと捉えて、生業をその中に位置づけて考察される傾向があった。その後、外部社会からの影響が強まる状況が生起してきたが、オセアニア地域、とくにパプアニューギニアに特徴的な人と豚の関係は、その後も引き続き、研究関心の対象となってきた。

日本の研究者による主な成果を概観するだけでも、秋道（1993）、Akimichi（1998）、口蔵（1996、2002）、梅崎（2000、2007）、小谷（2004、2005、2021）、吉岡（2018）などを、挙げることができる。そしてオセアニア以外の地域では、中国とその周縁地域での研究がある [9]。例えば海南島（西谷 2003、梅崎 2004）や福建省（野林 2007、2011）、そして台湾（野林 2009）の事例が示されている。なお中国・福建省の事例からは、豚は自家消費ではなく換金を目的として飼われていて、屠夫と呼ばれる豚の買取り・解体・販売を専業とする人々によって販売される流通構造が示されている（野林 2007）。そして中国では古くから豚便所と呼ばれる、人の排泄物などを与えて飼う、特徴的な飼育形態が知られる [10]。この豚便所については、西谷（2001、2009）による考古学と歴史学の視点からの研究がある。

イスラームが宗教として卓越する地域での豚飼育は不明な点が多い。しかし近年、バングラデシュにおいて、イスラームではないマイノリティの人々による豚飼育の研究から、その飼育が遊牧を伴うことが示されている（池谷 2012、2014、2015、Ikeya 2014）。

アフリカの農耕民など、従来はあまり豚を飼ってこなかった人々が、市場経済化とともに、飼うことを試みる事例が近年散見される。例えば、大山（2002）は、ザンビア北部のミオンボ疎開林地帯に暮らすベンバの人々において、1994

年頃から豚を飼う試みがあることを示している。当初は、「放し飼い」にされていたが、村に近い畑のトウモロコシを食い荒らすことがあり、さっそく「舎飼い」に変化した事例からは、人々が新たに飼う方法を模索し、飼う文化を構築する過程が示唆される。

　なお本書では人と豚の関係について、民族誌的成果からの断片的な情報を整理する試みとして、簡単な整理を巻末に示している（資料1）。先行研究の現状として、あわせて参照されたい。

家畜文化の類型論

　このほか豚を含んだ家畜の文化類型論に関する研究がある。これは大林（1955、1960、1999）の研究が典型的なものであろう。他にも Sauer（1952）や佐々木（1993）などの試みがこれに相当し、時代的な制限のなかで、人と家畜の文化的な関係を世界視野で整理しようとした研究群であろう。これらの研究はフィールドワークをともなう場合もあるが、主には文献に基づいた研究である。

　例えば大林（1955、1960、1999）による東南アジアにおける豚飼育の文化類型論は次のようなものである。大林は栽培植物と家畜の組み合わせから、1）豚＋イモ（オセアニア）、2）豚＋イモ＋雑穀（東南アジア島嶼部）、3）豚＋牛＋イモ＋雑穀（東南アジア島嶼部と大陸部）、の3つの分類を行い、地域により異なる状況として整理した。このような大林の類型は、参考とした各民族誌の記述が断片的なものから成るために、豚を飼う営みの実態をフィールドワークから明らかにした事例の積み重ねの上に、再考する余地がある。

　このほか、宗教的な忌避の対象としての豚文化についての研究がある（cf.ファーブル＝ヴァサス 2000）。イスラームやユダヤの人々が豚を食べないことはよく知られる。この経緯は宇京（2000）によると、次のとおりである。

　まず旧約聖書のレビ記に、食べてもよい「清浄な」ものと、食べてはいけない「不浄な」ものに、動物が分類されて記載された。このようにして、豚はラクダとともに「不浄な」ものに分類されて、ユダヤの人々は豚を忌避するようになった。そして、その後に興り、ユダヤ教と区別される必要のあったキリスト教は、この豚をあえて食べることで、自らの境界を作っていった。そして3世紀のアンティオキア公会議では、「豚をたべよう、ユダヤ人が食べないから」

と宣言されるに至ったという。その後、長い間、ヨーロッパのキリスト教徒は、ユダヤの人々を「豚」と呼んで差別してきた。このような、キリスト教徒とユダヤの人々の相互関係は、イスラーム教徒にも影響をあたえて繰り返された。すなわち、豚を食べるキリスト教徒と区別するために、イスラーム教徒は豚肉摂取を禁じたという。

家畜の生産性への関心

　豚を飼う文化に関する研究は、以上に示したような生態人類学とその周辺分野の研究が主なものである。ただし、豚を飼う場合の生産性に関しては、いわゆる畜産学分野において膨大な研究蓄積がある。畜産学では、豚の飼育効率（一定量の餌による肉量と肉質の変化）と品種間の遺伝的系統関係を明らかにする目的の研究が多い（cf. Devendra and Fuller 1979）。この場合、飼われる豚は地域の在来品種として位置づけられ、近代的な改良品種と異なる特性に注目するという関心の持ち方となる。

　ただし、畜産学では在来品種を試験場で飼い、その生産性を検討する研究が多く（Rufener 1971、Falvey 1979、1981、Cheva-Isarakul1998、Chantalakhana and Skunmun 2002）、在来品種の現地での飼育実態に基づいた知見は、これまでも十分には得られていない。生産性については、生産指標（産子数、死亡率など）や飼育効率の把握はある程度試みられている。例えば東南アジアとその周辺地域の事例研究としては、タイ（Visitpanich and Falvey 1980、Falvey 1981）、ベトナム（Lemke et al. 2006、2007）、インド（Kumaresan et al. 2007）などが挙げられる。

1－1－2　モンに関する民族誌的研究：タイを中心に

　本書で事例にとりあげるモンについて、これまでの民族誌的な研究を概観する。モンは、中国南部からベトナム、ラオス、タイに分布し、とくに中国では苗（Miao：ミャオ）と呼ばれる人々である[11]（写真1－2）。中国での人口は貴州省を中心に約700万（1993年）とされる（Culas and Michaud 2004）（表1－1）。

　このミャオは、一説には、中国の漢代以前に揚子江中流下半部に居住していたとされ、紀元前1000年紀に東周が拡大する前には、南中国で言語的に重要な要素であった可能性が指摘されている（Bellwood 1978）。モンはこのミャオの一支

写真1－2　焼畑地で陸稲の播種をするモンの人々（タイ北部ナーン県 HY 村、2005 年 6 月）

表1－1　世界におけるモンの国別人口（2007 年）

地域	国		人口（人）
アジア	中国		316 万
	ベトナム		78 万
	ラオス		30 万
	タイ		15 万
	ミャンマー		2000
オセアニア	オーストラリア		2000
北米	アメリカ	合衆国全体	20 万
		カリフォルニア州	7.8 万
		ミネソタ州	5.2 万
		ウィスコンシン州	3.4 万
	カナダ		1200
南米	フレンチガイアナ		2000
	アルゼンチン		200
ヨーロッパ	フランス		1.5 万
	ドイツ		100

注 1）中国の数値は苗族のなかの、モンに分類される人々の人口を示していると考えられる。苗族全体の分類だと、さらに人口は多くなる。

注 2）アジア以外の地域のモンの人口は、基本的には 20 世紀半ば以降の移住者とその子孫の数値を示している。

出所：Vang (2010) を参考に筆者作成

系とされ、焼畑農耕を主な生業として行いながら、中国南部からしだいに南下し、タイへは 19 世紀後半に到達している（Geddes 1976:35-44、Tungittiplakorn 1998、Lee 2015）[12]。このようにモンは、漢民族の近隣に暮らす農耕民として豚を飼う文化を形成し、その後、東南アジアへと分布域を拡大してきた民族と考えられる。本書において、豚を飼う農耕民としてモンを主な事例対象とした第一の理由はこのあたりにある。

　現在のタイ王国の領域においては、とくに北部の山地に多くの少数民族[13]が暮らしていることが知られる（MSDHS 2002）。モンはこの少数民族の 1 つの集団として、人口は 2003 年に約 15 万人である（Tribal Museum 2004）。

　タイのモンについての主要な民族誌を概観すると、1930 年代（Bernatzik 1947）、1960年代（Geddes 1976）、1970年代（Cooper 1984）、1980年代（Radley 1986、Tapp 1989、Symonds 2004）にそれぞれ調査が行われ、民族誌が書かれている。Bernatzik（1947）は民族誌的研究が東南アジア大陸部ではまだ多くない1930年代に、タイ北部を中心に広域を調査し、モンの生業文化について、多岐にわたる貴重な記述を残している。そして Geddes（1970, 1976）は、1960 年代当時行われていたケシ栽培を含むモンの生業に関する文化生態学的な研究である。本書においても、モンの生業文化を理解する上で欠かせない文献として、参考にしている。そして Geddes（1976）の少し後になるが、1970 年代の調査に基づく Cooper（1984）の研究も、タイに移住してきたモンの生業文化を記録した基本文献である。また、ラオスのサイニャブリー県のモンの事例から、Lemoine（1972）は 1960 年代のモンの村の、親族集団の離合集散（焼畑やインドシナ戦争の都合による）のようすを記録している。この Lemoine（1972）の研究も、定住化が進む前の移動性が高い時期のモンの理解に欠かせない文献である。

　日本の研究者の貢献には、1970 年代の調査による白鳥編（1978）『東南アジア山地民族誌　ヤオとその隣接諸種族』がある[14]。タイ北部のヤオ（ミエン）が中心的に扱われているが、モンの生業文化も一部併せて記録されている（畳 1978）。

　このほか 1980 年代以降の調査による、Tapp（1989）と Symonds（2004）は、定住化が進む中での、モンの信仰および宗教文化に関する民族誌であり、例えば Tapp は、モンへのタイ仏教の影響などを検討している（Tapp 1986a、1989）。

　これらの民族誌の先行研究の調査地をみると、長期のフィールドワークを実施

した村はタイ北部の中でも西側のチェンマイ県近郊に偏りがある（cf. Geddes 1976、Cooper 1984、Tapp 1989、Symonds 2004）。このほか博士論文の Tungittiplakorn（1998）と Leepreecha（2001）も重要なタイのモン研究の成果であるが、調査した村は明確に記されていない[15]。また Tomforde（2006）は地理学的な視点の研究で、いくつかのモンの村の空間利用を比較している。2000 年代以降の成果としては、Tapp et al.（2004）による論集『Hmong/Miao in Asia』がモン研究の1つの到達点を示している[16]。

　モンのなかにはインドシナ戦争に関わり、兵士として戦った人々がいる。タイ国内では、共産主義のゲリラとして森を拠点に活動し、一部は 1980 年代近くまで活動したことが知られる（cf. Phu Payak Memorial Committee 2005）。このようなインドシナ戦争に深く関わった一部のモンの人々は、戦後に難民としてアメリカやフランスへ移住したことが知られ、とりわけラオスを拠点として戦ったバンパオ（Vang Pao）などが有名である（図1－1）（Hendricks et al. 1986、Radley 1986、Tapp 1988b、Long 1993、Hamilton-Merritt 1993、Chan 1994、Stuart-Fox 1997、Morrison 1999、竹内 1999、Mansfield 2000、安井 2001、乾 2004）。

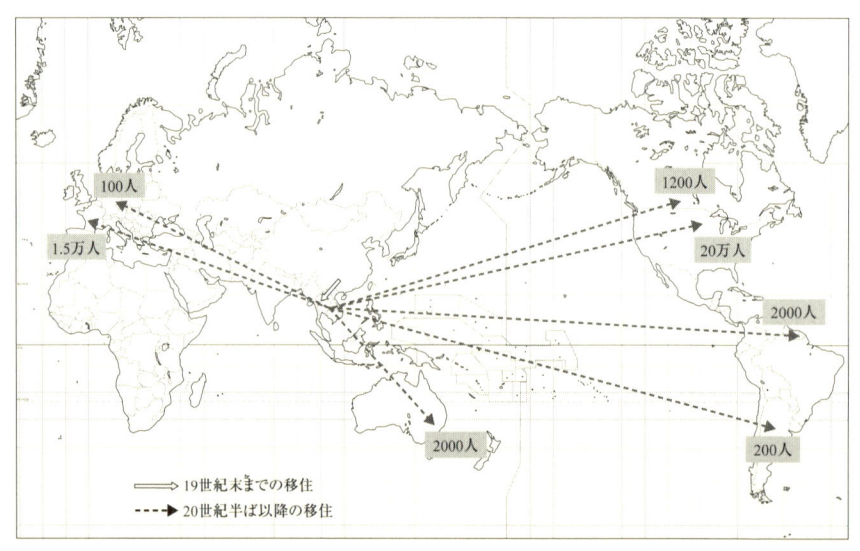

図1－1　19 世紀以降のモンの移住と世界への拡散
出所：表1－1を元に筆者作成

　そして移住と移住先の社会への適応への研究関心は高く、とりわけ教育環境への適応や自己同一性の問題など、近年研究が盛んである（cf. Chan 1994、Géraud 1997、Hein 2006、Tapp 2010、Vang 2010、吉川 2013）。またインドシナ戦争において、タイ側の兵士の一員として戦ったモンの人々の研究も近年進んでいる（cf. Baird 2024）。

　なお、本書ではモンに関する研究の現状について、英語と日本語による主要な成果を整理する試みとして、簡単な整理を巻末に示している（資料 2）。先行研究の現状として、あわせて参照されたい。

モンの生業文化に関する研究：とくに家畜飼育について

　先に少し述べたように、19 世紀末に現在のタイ王国の領域に到着したモンは、1970 年代頃まではケシの栽培を盛んに行う焼畑農耕民として知られた[17]。焼畑では主に自給用の陸稲を栽培して、換金用にケシを栽培していた。その後、国がケシの栽培禁止政策を強化するにしたがい、ケシの栽培をやめて、キャベツやトウモロコシなどの新たな換金用作物を栽培するようになっている（Tapp 1986b、1988a、1989、Renard 1994、Michaud 1997、Tungittiplakorn 1998:241-245）。

　東南アジア大陸部におけるモンの豚飼育については、1930 年代（Bernatzik 1947）や 1960 年代（Geddes 1976）の調査による民族誌に、以下のような断片的な記述（筆者訳）がある。

　　「ブタは普通毎日、朝と夕に飼料が与えられる。調理屑、調理されたトウモロコシ、葉を取り除いた野生バナナの茎を刻んだものが与えられる」（Bernatzik 1970:496）

　　「ブタは柵に囲まれていることもあるが、通常は自由に村の中を歩き回り食べ物をあさっている。夜は家の外の木製容器に、茹でたトウモロコシが与えられる」（Geddes 1976:133）

　なお、日本の研究者としては、岩田（1960）が 1950 年代末のラオス北部において、生業文化の 1 つとして豚飼育の存在を確認し、動物性タンパク源としての重要性を指摘している。この岩田の調査はヤオ（ミエン）の村を中心としたも

のだが、その村を約50年後の2000年代末に再訪した松本ら（2010）も飼育を確認している。このことは、現在まで当該地域において豚を飼う営みが継続していることを間接的に示している。

　また先に述べた、白鳥編（1978）『東南アジア山地民族誌　ヤオとその隣接諸種族』に収録されている量（1978）によると、1970年代初頭のタイ北部の調査結果として、豚を飼う目的に供犠利用と換金利用を挙げている。しかしこれらの先行研究においては、豚はどのようにどの程度利用されているのか、供犠利用と換金利用ではどちらがどの程度多いのかといった、飼育が成立し現在まで継続して行われている理由を探るための知見は十分に得られていない（cf. Barney 1967、Kunstadter 1967、Geddes 1976、Lyman 1976、Kunstadter et al. 1978、白鳥 1978、Nakano 1978、1980、Cooper 1984、高谷 1985、Hayami 2003、2004、池谷 2005、Xu et al. 2006、秋道 2008、横山・落合 2008、春山ら 2009）。

　すなわち東南アジア大陸部の焼畑農耕民が、豚を飼い食する営みは、生業文化の1つとしてその存在は確認されてきたが、供犠や換金といった利用目的が示すように、社会や経済との関わりが推察されるにもかかわらず、その詳細は明らかではない。モンに関する民族誌的な先行研究においても、豚飼育についての手がかりとしては、上記のような記述がある程度である。

1−2　目的・方法・枠組み

研究目的

　本書では、筆者によるフィールドワーク資料を用いて、タイ北部の山地に暮らす農耕民モンの暮らしにおける生業文化について、とりわけ豚を飼う文化を中心に記述することを目的としている。この記述を元に、本書の後半では、豚を飼う文化の継続性の問題（第7章）や、生業文化の動態の問題（第8章）について考察する。

　この目的に沿って、本書では次の2つの点に留意して記述内容を配置した。まず1つ目は、モンの人々が、どのように豚を飼い食しているのかという、生業文化を民族誌事例から示すことである。具体的には、「飼う（行動と餌の管理）」、「維持する（生産と生殖）」、「食する（取引を含む利用）」に関わる世帯レベル

の状況を示すことを目指した。2つ目は、この豚をめぐる生業文化はどのような現代的な変化・変容を内包するものか、そしてそれはどのような理由からか、といった民族文化の動態に関わる問いを検討する材料を示すことである。

　東南アジアの農耕民の生業文化を対象とした先行研究では、土地利用に関わる水田や焼畑での農耕活動が研究関心の中心となってきた[18]。東南アジアの農耕民は、牛・水牛・馬・豚・鶏などの多様な家畜を飼い、役畜利用、荷駄利用、食用、販売利用、儀礼での供犠利用など、さまざまな面において家畜は農耕民の暮らしに欠かせないものである。本書の第1の意義としては、東南アジアの農耕民の家畜文化について、タイのモンの事例からの知見を提示することである。

　また先行研究において、豚を飼う文化に関する一定集団の状況を示した研究のこれまでの到達点は、東南アジアではなくオセアニアのパプアニューギニアで1970年代にフィールドワークを行ったHide（1981）の成果である。本書で示す事例がもつ第2の意義は、Hide（1981）においても十分に示されていない、農耕民が豚を飼う文化についての世帯レベルの実像を示すことにある。

　そして本書の第3の意義としては、とりわけ20世紀以降の世界の農耕民に生起している生業文化の変化・変容を、その動態状況と複雑な要因群から理解しようとする人々に、新たな環境への移住のあと、近代化が進む国家のなかで少数民族として暮らし、定住化過程にある集団（モン）の事例から、手がかりを提供することにある。また、焼畑農耕民として暮らしてきたモンの生業変化と定住化という視点は、遊動性が低下する過程にある焼畑農耕民の事例として、人類史における遊動民の定住問題の理解に、民族誌の事例から貢献する。

研究方法

　本書では、現在のタイ北部に暮らす農耕民モンの人々を研究対象とした。研究方法は主にフィールドワークであり、対象とするモンの村に滞在しながらの現地調査を、参与観察と聞き取りにより実施した。なお聞き取りに際しては、タイ語を中心としてモン語を併用した。

　筆者が主に滞在したナーン県のモンの村名はフアイユアック（Huai Yuak）である。以下ではHY村と略記する。HY村に関する概要の詳細は、本書の第3章

で主に述べる。筆者の主要な現地調査期間は次のとおりである。まず2005年から2006年にかけて集中的な調査を行った（2005年5月～6月、8～10月、2006年2～4月、6～10月、2006年12月～2007年1月）。その後、断続的に年に1回数週間程度の調査を2010年代末まで続けて、現在に至っている。なお筆者による、2019年末までの、のべ調査期間は約25ヶ月間である。筆者がHY村に滞在している間は、村内の特定のある世帯（家番号1、親族集団B3に含まれる）に下宿し、調査を行った（図3－10、図4－1を参照）。

HY村の全体状況を把握するために、筆者は調査期間中に全戸を対象とした聞き取り調査(77戸を対象)を、2005年9月と2006年9月に2度実施した[19]。またHY村における全戸調査を行うと同時に、村の代表集団として親族集団B3を選択し、これについての集中的な調査をあわせて行った。

タイおよびラオスにおける広域の調査は、2005年以降、随時行っているが、ナーン県内の26のモンの村の調査（村長等への聞き取り）については、2010年から2012年にかけて、数回に分けて実施している。

枠組み

本書における研究の枠組みと、本書の構成について説明する。まず本書の研究に用いる主な概念については、以下のように考えている。まず、本書における集団の「文化」のとらえ方については次の枠組みを採用する。すなわち経済（生業など）、社会（親族関係など）、宗教（儀礼など）の要素とその相互関係から成る複合体として「文化」を考える（図1－2）。ある言語を共有する集団、または、由来や歴史的事実を共有する集団、あるいは、同一集団であるという意識を共有する集団、等として「民族」の概念があるが、本書ではモンと呼ばれる（あるいは自称する）集団を主な対象としていることから、その集団の「文化」について「民族文化」と記述している箇所もある。

図1－2は、現象の理解を補助する概念として、まずはこのような設定から眺めて考えることを意味している。そのため、個人の行動とその集合はどのように把握可能か、といった、人間の文化をめぐるこれまでの膨大な議論との関連での妥当性が、常に意識される必要がある。上記の枠組みは、とても単純化されたものと考えるが、本書では、読者の理解を助けるための設定、という意

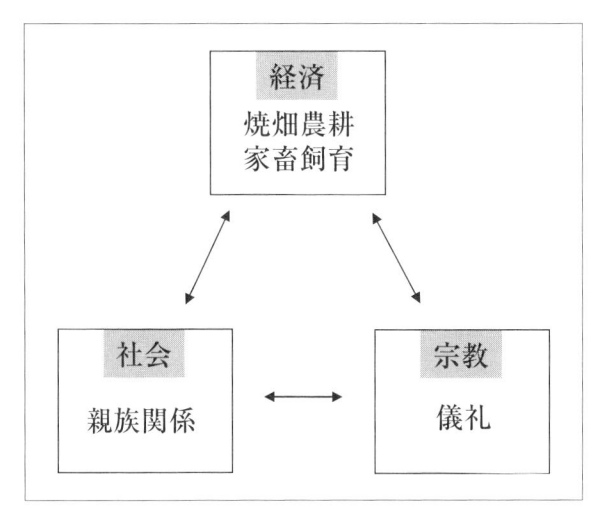

図1－2　本書における集団の文化を把握する枠組み
出所：筆者作成

味でまずは理解されたい。このような考えのもと、本書では、人々が「家畜を
飼う」という文化について、その経済的、社会的、宗教的側面を、それぞれ描
くことを試みる。

　経済は、いわゆる金銭に関わる事柄だけでなく、人々が生きるために得る食
べ物との関わりを含めて把握することにする。そのため、本書における経済の
取り扱いは、生業との関わりから描くことが主になる。本書で扱うタイに暮ら
すモンの人々の場合は、農耕民的性格を強く示し、生業は作物の栽培と家畜の
飼育が主要なものとなる。もちろん林産物の採取や小商いなども生業として存
在するが、本書の事例においては副次的な位置づけとなる。

　そして家畜文化は、「飼う」、「維持する」、および「食する」の3つの要素か
ら把握する枠組みを採用する（図1－3）。本書では、それぞれ第4章で「飼う」、
第5章で「維持する」、第6章で「食する」に相当する部分を述べる。

本書の構成

　本書は次の章構成から成っている。第1章は既に述べたように、本書の概要
説明と問題の設定から成る。第2章と第3章では、第4章以降で述べるモンの

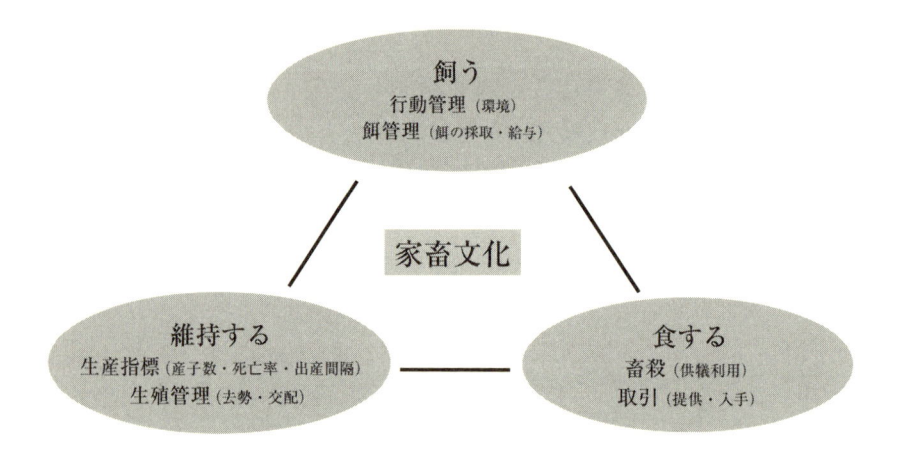

図1-3　本書における家畜文化を把握する枠組み
出所：筆者作成

　人々が豚を飼う文化の背景として、対象集団が暮らす国と地域の概要を述べる。それぞれ第2章ではタイの農耕民の生業文化の概要について、国全体のレベルと地域のレベルの、双方の視点から述べる。第3章では、村レベルの概要として、本書で主な事例としてとりあげる、タイ北部ナーン県に位置するモンの村であるHY村の概要を述べる。なお第3章では、人々の移住と現在の村の成立の経緯や、人口の動態についても併せて述べている。

　そして第4章、第5章、第6章、第7章は、本書の核となる、HY村の事例を用いた豚を飼う文化の詳説部分に相当する。これらを踏まえて、第8章でまとめの考察を行う。

　第4章では豚を「飼う」状況について、行動管理（環境）と餌管理（餌の採取と給与）の側面を述べる。第5章では豚を「維持する」状況について、その生産指標（産子数、死亡率、出産間隔）と生殖管理（去勢と交配）の側面を述べる。第6章では豚を「食する」状況について、畜殺（各機会での食用）と取引（入手と提供）の側面を述べ、章の後半では豚を飼う営みの継続性とその要因を考察する。そして第7章では、集団の生業文化の全体像を、より民族誌的な記述により描き、章の後半では、豚を飼い食する文化の変容について考察する。

　第8章では、モンの事例から、農耕民の生業文化とその動態を考察する。ま

ずは、本書の内容を整理して、豚を飼う文化の動態モデルを、東南アジア大陸部のモデルとして示す。そしてこの動態モデルについて、オセアニア・パプアニューギニアなどの他地域との比較を試みる。最後に、この動態モデルをより広い文脈に位置づける試みとして、20 世紀後半以降の、モンの定住化と生業文化の多様化について考察する。

注

1)　人類が行う生業について、これを民族誌によって可能なかぎりリアルに描こうとする試みがある。1 つの試みとしては、生業に加えて「生産」をキーワードとして、リアルについても、「いま、ここ」のリアルを探求した論集などがある（cf. 松井ら 2011、2012）。

2)　本書ではとくに注意のない限り、人と家畜の間に存在する関係の総体を家畜文化と呼ぶことにする。例えば現在の日本においては、家畜を飼うことは、ペットである場合を除いて、ほぼ近代的な畜産を行うことに等しい。生産主体の規模の大小はさまざまあるが、家畜を飼う目的は、ほぼ販売による経済的利益にある。そして、このために牛、豚、鶏などの家畜を、大規模かつ非常に高い生産効率を追求する中で一般に飼われている（cf. Falvey 1979、Devendra and Fuller 1979、野澤・西田 1981、田先 1996、Chantalakhana and Skunmun 2002、淡野 2007、平石・木下 2011）。

3)　生態人類学の分野の説明の 1 つとして、文化生態学、政治生態学、歴史生態学という 3 つの生態学的アプローチの研究から成り立つというものがある（cf. 市川・佐藤 2001、池谷 2003、2005）。1950 年代の文化生態学（cf. Steward 1955）を経て、1970 年代に生態人類学（cf. Rappaport 1968、Vayda 1969、伊谷・原子 1977、渡辺 1977、Moran 1979、Ellen 1982、伊谷・田中 1986、鈴木ら 1990、秋道ら 1995）が、分野として形成された。その後、1990 年代頃から盛んになる環境人類学の視座は、調査対象の環境をとりまく政治経済的状況をより踏まえるところが、生態人類学との差異であると述べられることがある（Townsend 2000、岸上 2006、2008、Orr et al. 2015）。ただし、その内容はこれまで十分整理されているともいえない。環境人類学を題した日本語による民族誌としては、例えば合田（2010）、笹岡（2012）、石山（2017）が挙げられる。

　　あわせて、自然と人間の関係の研究は、人文地理学（文化地理学、文化生態学）の視点からの貢献も重要である（cf. Gourou 1947、Sauer 1952、Wagner and Mikesell 1961、大島ら 1989、佐々木 1993、小林 2003、池谷 2013、横山 2013a、2013b）。家畜文化についても放牧地における土地利用の関連等で長らく関心が示されてきた（cf. 田辺 1956、石田 1961、Simoons 1961、高橋 1995、小長谷 1996、池田・小野 2004、月原 2004、池谷 2006、2012、山口 2011、渡辺 2009、中辻 2013a、中辻ら 2015、Ikeya 2014、2015）。

4)　乾燥地としては、アフリカのいわゆるサバンナ地域などが挙げられ、牛やラクダに強く依存して暮らす人々が知られる。例えば、牛と暮らすヌアー族（Evans-Pritchard 1940）やボディ族（福井 1991、2005）やサンブル族（湖中 2006）、ラクダと暮らすレンディーレ族（佐藤 1992、孫 2012）やソマリ族（楠 2019）やベドウィン族（堀内 1986）などである。高地としてはアルプス、ヒマラヤ、アンデスなどの地域が挙げられる。アルプスの牧畜民（谷 1976、1997、2010、Netting 1981）、

ヒマラヤで羊と暮らす人々（Macfarlane 1976、山本・稲村 2000、渡辺 2009）、アンデスでリャマやアルパカと暮らす人々（稲村 1995、2014、山本 2007、2014）などが知られる。高緯度地域としては、シベリアでトナカイと暮らす人々（高倉 2000、2012、吉田 2003）や、モンゴルで羊・山羊・馬と暮らす人々（梅棹 1976、小長谷 1991、1996、2004、風戸 2009、相馬 2014、風戸ら 2016、尾崎 2019、シンジルト 2021、辛嶋 2022）が知られる。

5) 例えば、それまでの牧畜民研究の蓄積をふまえて、1980 年には『When Nomads Settle: Processes of Sedetarization As Adaptation and Response』の論集が成立している（Salzman 1980）。この論集成立の前には、UCLA の研究者が開催した国際会議「定住する遊動民（Settling Nomads）」があり、この会議の論文を改稿したものが論集には含まれている。この論集では、定住化は社会文化の変化の 1 つとして位置づけられること、そして定住化について、その過程（Processes）から明らかにすることの必要性が述べられている（Salzman 1980）。なお、国際人類学民族学連合（International Union of Anthropological and Ethnographic Sciences: IUAES）に、遊動民（Nomadic Peoples）の委員会が 1977 年に設立され、委員長を Salzman が務めるなかで、雑誌『Nomadic Peoples』が発刊されてゆく流れが同じ時期にあり、この雑誌も定住化議論の場の 1 つを担ってきた。その後の流れはここでは省略するが、2010 年代後半には、遊動民の分類に、従来からの牧畜民や狩猟採集民に加えて、焼畑農耕民や漁労民をも視野に入れた論集『Sedentarization among Nomadic Peoples in Asia and Africa』も成立している（Ikeya 2017）。この論集では、上記の集団の多様な事例を、1 歴史、2 政治生態、3 比較、の視点から整理していて、先の Salzman（1980）の論集や Fratkin and Roth（2005）の試みは、3 の比較に分類されている。

6) 先駆的な研究としては、Peattie（1936）がある。近年の研究動向については、Ives（1980）、高山（1989）、山本・稲村（2000）、Funnell and Price（2003）、山本（2007）、Sarmiento and Butler（2011）、上田（2011）、Lozny（2013）のほか、2004 年の地學雜誌 113 巻 2 号の特集「国際山岳年山岳環境の現状と課題」の各論文（cf. 鹿野 2004、月原 2004）がある。また日本の山村における生業研究を概観するものとして、藤田（1983）、上野（1986）、池谷・白水（2011）などがある。

7) 日本の事例としては、牛の放牧地の実態について、北上山地（田辺 1956）や中国山地（石田 1961）を対象にした研究が先駆的である。近年では山形県（山本 1997）や岩手県（岡 2008）における報告がある。

8) タイ北部の山地で土地利用の関係から牛が飼われなくなりつつあることは、パヤオ県のヤオの事例から示されている（増野 2005）。またラオス北部においても水牛の事例から飼うことが困難になりつつある事例が報告されている（Takai and Sibounheuang 2010）。ただし、ラオス北部でも、山地の焼畑地に位置する出作り小屋周辺など、村の集落から少し離れた場所を利用して、家畜の飼育を継続する事例が報告されている（中辻 2013a、中辻ら 2015、中辻 2023）。

9) 日本における琉球列島の事例もこの文脈に位置づけて理解できる。豚などを儀礼利用する文化が現在まで確認できる（cf. 小林 1980、1982、2003、小松 2007a、2007b、蛯原 2011、宮平 2013、2019、比嘉 2015）。

10) 中国における豚を飼う状況について、広く人と豚の関係の視点から、考古学と歴史学と文学の成果をみよう。今村（2023）がまとめた考古学の成果をみると、豚は新石器時代前期から飼育されていて、長江下流域では豚とイノシシが混在する状況があり、いっぽう、黄河中流域ではイノシシを戦略的に飼育していたことが指摘されている。そして、新石器時代に行われた、動物骨を用いた占い（占卜）では、黄土高原は羊、華北平原は牛の骨が主に用いられ、豚の骨は各地域で補助的に用いられている。また、豚の骨から楽器は作られていないが、全

身の埋葬（黄河中流域における住居の基礎に伴う埋葬：床下面等）や、頭骨と下顎骨の副葬が新石器時代に盛んになっている。このような豚の牙・下顎骨や豚型の動物形容器が副葬品として持っていた意味については、前 4000 年紀までは被葬者を守護する呪術的役割があり、前 3000 年紀には社会の階層化と共に、財や権力を示すものになったと考えられている。「家」という文字に関連して、豚の飼育が人々の定住に大きな役割を果たしたことを象徴する、と述べている（今村 2023）。

　次に、北魏の時代（6 世紀）に成立した農書『斉民要術』の記述をみよう。この『斉民要術』は高陽（山東省臨淄）の太守を務めた賈思勰により成立したとされる（天野 1949）。また、賈思勰は山東省益都の出身とされている（天野 1949）。そのために先行研究においては、『斉民要術』の記述の内容は、華北地域（天野 1949）、あるいは、黄河下流地域（内藤 2003）のものと、それぞれ解釈されてきた。このように『斉民要術』の記述が、どの地域の状況に基づくか、また農業の技術書と考えた場合、実像はどの程度反映されたものか、といった問題を含むが、これらを保留すると次のようになる。

　まず、豚は舎飼いが行われている。しかし、「春夏は草が茂つているから随時放牧すべく（中略）八、九、十月は放飼して舎飼いせず」とあるように、季節により飼う状況が変化すること、そして放し飼いもすること、を示している。

　歴史学では民衆史や日常史の分野から、人と豚の関係の記述を期待するが、秦漢時代の研究からは、豚便所の記述がある程度となっている（柿沼 2021）。あるいは文学の視点を含めて、時代による人と豚の関わりの変遷の記述も期待する。例えば、猪八戒という豚が、三蔵法師の弟子として登場する『西遊記』の成立過程をみると、元の時代に、その起源が示唆されている。武田（2024:13-31）は『西遊記』の成り立ちについて、次のように述べている。まずは、唐の時代に実在した三蔵法師玄奘という人物がインドへ旅（629 年から 645 年）をして、その経緯を 646 年に『大唐西域記』にまとめたことに始まる。そしてこの『大唐西域記』に記録された各地の民話や伝説が、『西遊記』の形成に多くの材料を提供した。あわせて、玄奘の弟子の慧立らによる玄奘の伝記『大唐大慈恩寺三蔵法師伝』（688 年）の内容も『西遊記』に影響を与えた。この 7 世紀の 2 つの出版から、長い時間をかけて物語は創造され、16 世紀の明代に、金陵（南京）の世徳堂から刊行された『西遊記』（1592 年）で、完成されたとされる。この過程をみると、南宋の時代の原型の物語では猪八戒は登場せず、元の時代の物語には、黒豚の精の「朱八戒」として、猪八戒が登場していた可能性があるという。

11）中国における苗族の分類について整理する。白鳥（1985:450）は、貴州省では紅苗、黒苗、白苗、青苗、花苗の 5 つに分類できるという考え方もあるが、実態は把握されていないと述べている。また中国の苗族研究者の間で四川省、雲南省、黔東東南地方の 3 つの方言に分類されることがあるという（白鳥 1985:464）。田畑（2001:171-172）は苗族の分類について、衣装色彩（鳥居 1907）、言語系統（村松 1973、国家民族委員会 1981）、生業形態など分類の指標によりさまざまに分類されることを示している。とくに生業形態では、平地ミャオと高坡ミャオの 2 つに分類される（田畑 2001:173）。また、海南島の苗族は瑶族の分支であり、広西壮族自治区の瑶族に言語が近いとされる（鈴木 1985:34）。

12）田畑・金丸（1989:128-130）によると、初期のミャオ研究として重要なものは、鉄道建設関連で雲南省に滞在したイギリス陸軍少佐 Davies（1909）の記録や、宣教師として貴州省に 20 年以上滞在した Clarke（1911）の記録、1909 年に中国西南部を調査した鳥居（1907、1926）の記録、などであるという。なお、鳥居は台湾北部の「黥面蕃」という集団のルーツが、かつて移住

してきたミャオ族だ、というという伝承をきっかけに、中国での調査を実施した。そして、1940年代までは、四川省や湖南省のミャオの研究が主で、貴州省のミャオの研究が進められたのは1950年代以降である。なお、四川や湖南のミャオは、漢族化が進んでおり「熟苗」と称されるいっぽう、貴州などのミャオはこれに対して「生苗」と称されている（田畑・金丸 1989:128-130）。本書で扱う、東南アジア大陸部に移住してきたモンは、基本的には、「熟苗」よりは「生苗」に文化的に近い人々と考えている。

田畑・金丸（1989:141-150）が貴州省従江県のミャオ族の村の事例詳細を報告しているが、この従江県のミャオ族については、1947年の調査による de Beauclair（1960）の記録がある。

1980年代の鈴木・金丸（1985）により、現地調査を伴う研究として本格化した日本における中国のミャオ族研究は、2000年代に至り、金丸（2005）および鈴木（2012）として、これまでの研究成果をとりまとめ、1つの到達点となっている。

鈴木（1985）の研究は、1981年4月に海南島と雲南、1983年7月～8月に貴州と雲南で行った調査の報告に相当する。この研究は日本文化の起源を中国南部に求めるというよりは、差異を通じて日本の民俗文化を再考することに主眼を置いて、香炉山という特異な形の山の信仰（鈴木 1985: 146-163）や、鼓社節と呼ばれる丑年に13日にわたり行われる大規模な祭りについて述べている（鈴木 1985: 222-246）。貴州省凱里近くの苗族の村での家畜の供犠利用について、鈴木（1985:150）は以下のように述べている。「かつては、13年ごとに、水牛を殺す「吃鼓臓」の祭祀が行われ、この時には牛・羊・豚を供犠して祖先と神々と祀った。この祭りは、苗語でナウ・フー・ナウ（牡の水牛をたべる）という」。

武内（1994）は、貴州省東南部の錦屏県の苗族が、18世紀以降、杉の植林・運搬などの林業経営を行っていることを述べている。また歴史文献においては、ミャオ族・トン族を「黒苗」「洞苗」と表記されることもあるが、トン族を「苗」と記すこともあるという（武内 1994:100）。

13）現代のタイ王国には、多数派であるタイ系民族に加えて、モンをはじめとする少数民族が暮らしている。21世紀初頭の人口はそれぞれ、カレン43.8万人、モン15.4万人、ラフ10.3万人、アカ6.9万人、ミエン（ヤオ）4.6万人、ティン4.3万人、リス3.8万人、ルア2.2万人、カム1.1万人、ムラブリ182人を示す（Tribal Museum 2004）。なおヤオは、ミエンとも呼ばれる。本書では主にミエンと呼ぶ。これらの少数民族は北部の山地地域に集中していることから、1960年代頃から「山地民」と呼ばれるまとまりで把握されてきた（cf. 古家1993、Buadaeng 2006、McKinnon 2011、Nimonjiya 2016）。「山地民」に関する研究の流れを概説すると、これまでの主な論集は6つあり、次のものである。まず、Kunstadler（1967）による『Southeast Asian Tribes, Minorities, and Nations』、Kunstadter et al.（1978）による『Farmers in the forest』、Mckinnon and Bhruksasri（1983）による『Highlanders of Thailand』、McKinnon and Vienne（1989）による『Hill Tribes Today』、Walker（1992）による『The Highland Heritage』、Michaud（2000）による『Turbulent Times and Enduring Peoples』である。

これに対応する日本の研究としては、岩田（1960、1967、1971）や梅棹（1964）の先駆的な研究のあと、カレン（飯島1971）、ヤオ（竹村1981）と民族別の民族誌が得られている。また1970年代には白鳥（1978）による論集『東南アジア山地民族誌 ヤオとその隣接諸種族』が得られている。このような1970年代までの東南アジアの民族文化に関する研究の背景には、日本の研究者の場合は、稲作を行う農耕民であり、日本との類似点を探るという視点が存在した。この視点から東南アジアをとらえる試みは、「稲作文化圏」という言葉を生み出し、

学術的意義が繰り返し確認されてきた（cf. 松本1971）。日本の人にとって自文化の理解を深めるための比較対象としてアジアの周辺地域が位置づけられ、とりわけ東南アジアは交流についての手がかりも近世以降とくに多く、恰好の事例として研究が進められてきた。

　タイにおいては低地の水田稲作地域に暮らすタイ系民族を対象とした民族誌的研究が盛んであり、その生業文化も断片的には描かれてきた（cf. de Young 1966、Moerman 1968、Kingshill 1976、Calavan 1977、Davis 1984、Ganjanapan 1984、Bowie1988、福井1988、Hirsch1990、口羽1990、Tanabe 1994、Fox et al. 1994、高井2001、馬場2002、佐藤2002、Chitbundid 2007、藤田2008、高城2014）。いっぽう、「山地民」のまとまりでの研究は、2000年代以降は政治的な背景もあり低調になり、民族別の民族誌がまとめられる傾向にある（cf. Buadaeng 2006、Michaud 2006、吉井2011、Na Nan 2012）。例えば日本においては、アカ（清水2005）、ラフ（片岡2006）、カレン（Hayami 2004、速水2009、須永2012、久保2014、吉松2016）の民族誌が得られている。また民族を特定しないが、山地民の観光を対象にした石井（2007）がある。

14）東南アジア大陸部における生業文化に焦点を置いた研究では、ラオスのラメット（Izikowitz 1951）やベトナムのムノング・ガル（Condominas 1957、1977）の民族誌が、山地に暮らす民族の記録として基本文献となっている。この視点の研究では、日本においては2000年以降に多くの論集を得ている（cf. 秋道2008、河野2008、ダニエルス2008、2014、横山・落合2008、野中2008、新谷ら2009、Kono et al. 2010、横山ら2012、落合2014、落合・白川2014、瀬戸・河野2020）。これらの研究のうちいくつかは、歴史軸に留意した生態史的研究に位置づけられる（cf. 秋道2008、Akimichi 2008、柳澤2009、2017、池谷2009）。

　タイ北部山地の少数民族「山地民」を対象にした民族誌の概要は、注13に示したが、タイの他の地域をみると、南部の少数民族については、海の民であるモーケン（鈴木2016）の成果が得られている。少し視野を広げると、開発と資源利用（佐藤2002）、政治と森林問題（倉島2007）、農業と機械化（森田2012）といった主題の民族誌がある。なおラオスでは、民族の連帯（中田2004）、国民語の形成（矢野2013）、コーヒー栽培とフェアトレード（箕曲2014）、土地政策（東2016）といった主題の民族誌もある。このように東南アジア大陸部において、タイでは比較的早くから民族誌的研究が盛んに行われ、日本の研究者による一定の研究蓄積がある。

　また東南アジアにおける生業文化に関する民族誌的研究は、近年では島嶼部においても盛んである。いわゆる海の民の人々はここでは省略するが、森林資源が豊かな内陸に暮らす人々を対象とした主なものとして、インドネシア（増田2012、笹岡2012、寺内2023）、マレーシア（金沢2012、河合2021）、パプアニューギニア（梅崎2007、2023、小谷2010、2021、河辺2010）が挙げられる。

　そして「先住民」という枠組みの研究においても、東南アジアの生業文化に注目した研究は多くある（cf. Rambo et al. 1988、McCaskill and Kampe 1997、Baird and Shoemaker 2008、Cairns 2015、Baird et al. 2016）。また開発研究の枠組みにおいても、生業文化は重要な視点であるが、その把握は地域や国家など、ある程度マクロなレベルが目指される場合が多い（cf. Rigg 2003、2005、2012）。

15）Prasit Leepresscha はタイで育ったモンであり、アメリカに留学して学位を取得している。その後はチェンマイ大学の教員を務めている。

16）タイとその周辺地域のモンに関する近年の研究は、社会変容に関する研究が多い。例えば、観光化（Michaud 1997）、商品作物の導入（Tungittiplakorn 1998、Tungittiplakorn and Dearden 2002）、

社会組織の変容（谷口 2003a、2003b、2005a、2005b、2007）、国家と慣習法（吉井 2004a、2004b）、新たな情報伝達方法の影響（吉井 2002）といった視点の研究がある。なおモンの研究について、比較的入手が容易な概説書に、Cooper（1998、2008）や Lee and Tapp（2010）がある。

17) 焼畑は世界各地で行われるいわゆる粗放的な農耕の1つで、植生が豊かなモンスーンアジアでは古くから行われてきている。日本の国内においても 1970 年代頃までは各地で行われ、フィールドワークに基づく研究（cf. 佐々木 1970、1972、1989、1993、2007、福井 1974）や、あるいは史料を用いた中世・近世の研究がなされてきた（米家 2002、2019）。しかし 20 世紀も後半になると、国内をはじめ海外でも焼畑は次第に行われなくなる傾向にあり、焼畑の変容とその要因分析が主な関心となってきた（cf. 佐藤 1999、尹・林 2000、横山 2001、2013a、2017、Yokoyama 2004、2010、Yokoyama et al. 2014、中辻 2004、2005、2010、2013b、2023、増野 2005、2009、2013）。焼畑の終焉については、例えば海南島を事例とした篠原（2004）の論集がある。いっぽうで、熱帯地域に関しては、焼畑の衰退言説への疑義が示される状況もある（佐藤 2021）。また焼畑という農法が示す土地生産性と人口支持力の関係が注目されてきた（cf. Boserup 1965、Nakano 2014）。近年の成果としては、Palm et al.（2005）、佐藤（2011）、Cairns（2015）などの論集が、まとまった成果として挙げられるほか、日本では山地の地域文化として再び注目される文脈での研究がある（鈴木ら 2022、池谷 2023）。

18) 農耕民あるいは農村を事例とした民族誌を概観しても、家畜飼育の情報を得ることは容易ではない（cf. Moerman 1968、飯島 1971、Skinner and Kirsch 1975、Turton 1975、Geddes 1976、Calavan 1977、竹村 1981、Hirsch 1990、Tanabe 1994、佐藤 2002、Hayami 2004、藤田 2008、上田 2011、高城 2014、吉松 2016）。例えばタイ北部では、チェンマイ市近郊農村の村落経済に焦点を置いた 1940 年代の事例（de Young 1966:97-99）、そして 1950 年代の事例（Kingshill 1976:52-55）、あるいは通史的な事例（Ganjanapan 1984、Bowie 1988）においても、わずかに言及がある程度である。

19) 以下には本書における調査の対象とその概要をまとめた。
　　第 4 章では HY 村を代表して 4 戸（家番号 1、2、3 および 4）を選択し調査対象とした。このうちの 1 戸（家番号 4）についてとくに、豚餌の新鮮重を雨季と乾季にそれぞれ 10 日間調査した。豚餌の新鮮重の計測にあたっては、最大 20kg（100g 単位）まで計測可能な台秤（Theep Anoi company, Nakhon Pathom Province, Thailand）を使用した。雨季の調査として 2006 年 9 月 10 日から 19 日まで、乾季の調査として 2006 年 12 月 28 日から 2007 年 1 月 6 日まで、それぞれ 10 日間の全ての餌を計測した。
　　家番号 4 において豚餌は通常母親により与えられた。父親や息子により給与される機会もあり、給与する人は各給与機会により異なっている。また給与する餌の種類および量は、各機会において給与する人に拠る。各餌重量の計測は餌の調整中に行った。各餌は調整後、容器に混ぜて入れられた。餌の総重量は容器ごと計測し、水および米炊飯時の余水は容器を台秤の上にのせた状態で追加され、それぞれの水分の重量を計測した。各豚にはそれぞれの餌容器があり、豚はそれぞれの速度で食べることができる。調査期間中、食べ残された餌はなかった。
　　家番号 4 では 2006 年 9 月（雨季）に 2 頭の雌豚（α：2 歳 6 ヶ月、β：12 ヶ月）を、2006 年 12 月から 2007 年 1 月（乾季）に 3 頭の雌豚（α：2 歳 9 ヶ月、β：1 歳 3 ヶ月、γ：6 ヶ月）を飼っていた。それぞれの豚の体長（body lengths、L）および体高（withers heights、H）は以下のとおり。2006 年 9 月 23 日（α, L 118cm, H 58cm、β, L 64cm, H 43cm）、2007 年 1 月 5 日（α, L 124cm, H 72cm、β, L 92cm, H 51cm、γ, L 59cm, H 37cm）。

　3頭の雌豚の妊娠および出産状況は以下のとおり。2006年9月に α と β は妊娠していない。β は2006年10月22日から24日にかけて他家の繁殖雄と交配された。γ は2006年12月20日に他世帯から1000バーツ（約3000円）で購入された。2006年12月から2007年1月の調査時に、α と γ は妊娠していない。しかし β は妊娠していた。

　第4章で述べた家番号4の豚餌のうち、主な餌として利用された、バナナ植物体の採取活動を調査対象とした。(1) バナナ採取地におけるバナナ樹の数（根元直径10cm以上のバナナ樹数）、(2) バナナ採取活動について、毎回の採取者、採取地および採取重量、を調査した。なお、(1) は2006年6月24日、2006年10月17日、2007年1月3日の3時期に、(2) は2006年9月（雨季）と2006年12月～2007年1月（乾季）に各10日間、それぞれ調査を実施した。

　第5章と第6章の内容は、HY村を代表する親族集団として、17戸（117人）を選択し、その2年間（2005年1月から2006年12月）の豚の生産と利用状況を調査した。

第2章
タイにおける農耕民の生業文化

2－1　生業と家畜飼育の概要

　タイはその国土の大部分が熱帯モンスーン気候に分類され雨季と乾季が明瞭にある。雨季はおよそ5月から9月であり、その後の10月から4月が乾季である。タイの農耕民の生業のなかでは、雨季の降雨を利用した稲作が卓越している。水田稲作はとりわけタイの中部、バンコク近郊のチャオプラヤーデルタで顕著である（図2－1）。ただし、このチャオプラヤーデルタも、広く水田開発が行われたのは19世紀末になってからであり、それ以前のアユタヤ王国の時代には、アユタヤは交易都市として栄えたが周辺の低湿地帯は未開拓であった（高谷1985:250）。

　稲作中心の生業を行ってきたタイの人々にとって家畜はどのような価値をもってきただろうか。タイには仏教徒が多く、そのために家畜の殺生は忌避され

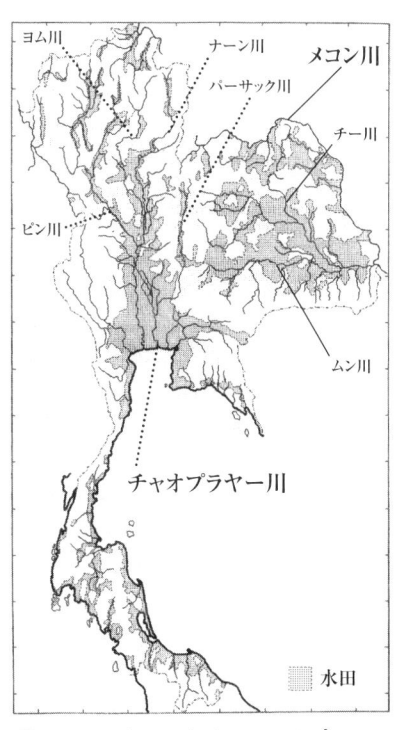

図2－1　タイにおけるチャオプラヤー河水系と水田分布
出所：Donner（1982:84）

て、タンパク質は河川や水田で採れる魚や昆虫から得てきたということが言われる。しかし、肉は忌避されてきたということではなく、折に触れて食べられ、とくに牛や水牛の肉は非日常のご馳走であった（高井 2002）。タイで飼われてきた具体的な家畜としては、象、水牛、牛、馬、豚、鶏などが挙げられる。これらの家畜はこれまでの時代の移り変わりの中で、どのように利用されてきただろうか。

象は前近代においては地方領主の移動の際の乗り物となり、戦闘にも利用されてきた。また木材など重い荷物の運搬に欠かせない存在であった。象はその大きさから財としての価値が高く、時の権力と結びつきやすかった。例えばアユタヤ王国の時代には、白色の象はその希少性から王の所有するものであり、さまざまな逸話とともに王権と特別な関わりをもってきた。そして、水牛・牛・馬は運搬や移動に利用され、財としての価値も高く、水牛は水田稲作での耕起に欠かせなかった（高井 2002）。また牛・水牛は、これを使った闘牛やレースが行われ人々に娯楽を提供してきた。ただし水牛や牛の乳は、タイの伝統的な食事には利用されてこなかった[1]。いっぽう豚は運搬や耕起には利用しないが、米ぬかなどがあれば手軽に飼うことができた。豚は儀礼にも利用され、手ごろな財として価値があった。そして鶏は最も手軽に飼うことができ、儀礼や闘鶏などの賭け事にも欠かせなかった。以上を簡単に整理すると、タイにおいてこれらの家畜は移動、運搬、耕起、戦闘、食用、儀礼、換金、娯楽といった多様な目的とともに飼われてきた、とまとめられる。

チャオプラヤー河の下流域に相当するタイの中部については先に少し述べたが、では東北部はどうだろうか。タイの東北部はなだらかな丘陵地帯であり、水田は川沿いに広がり、周辺の疎林で水牛を放牧する景観がかつては存在した（高谷 1985:272）。しかし、この景観は第二次世界大戦後に人口増加とともに変化した。その変化とは、天水田が棚田状に丘陵斜面に拡大し、疎林はキャッサバを中心とした換金畑作地となるもので、この結果、キャッサバ畑は耕運機で耕起されるようになり、疎林での水牛放牧は少なくなっていった（高谷 1985:274）。水牛は水田耕起に不可欠な家畜として飼われてきたが、いっぽう牛はどうだろうか。牛は運搬利用が一般的であり、例えば Wilson（1983:133）は、牛は水牛よりも暑さに強く、乾季の作業には牛が使われたと述べている。そして、換金目

的での牛飼育が盛んになりはじめたのはおよそ 1960 年代からである [2]。舟橋（1990:67）は 1980 年代のタイ東北部のコーンケーン近郊のドンデーン村の事例から、「牛は投資の対象であった」と述べているが、東北タイにおけるこのような傾向は 2000 年代も変わらず、換金用の財としての牛飼育は投機性も帯びてきている（津村 2004）。

　そして、タイの北部は大部分が山地であるが、チェンマイをはじめとする盆地では水田稲作が行われてきた（図 2 − 1）。タイ北部では森林産物が現金獲得の上で重要であり、とりわけ 19 世紀以降にイギリスの関与が進展すると木材が輸出物として重要になり、その運搬のために象が利用されてきた。タイ北部における家畜飼育については後に詳述するが、水田稲作を行う平地の農耕民は、鶏を広く飼い、水牛・牛を中心とした家畜飼育を行ってきた。この点はタイの中部や東北部と類似する。いっぽう、タイ北部の山地においては焼畑で陸稲稲作が行われてきたために状況が異なる。山地は焼畑農耕を行う少数民族の世界であり、水田が少ないため水牛はあまり飼われず、かわって豚が重要な家畜となってきた。ただし、図 2 − 1 からタイの国土の全体をみると山地はかなりの面積をしめ、タイの中部においてもミャンマー国境周辺や南部の半島には山地があり、家畜飼育の差異は水田稲作という生業の有無との関連で考える必要がある [3]。

2 − 2　国の近代化と家畜飼育（1910 年代〜 2010 年代）

　上に、タイの農耕民の伝統的な生業と、その重要な一部分としての家畜飼育を素描した。しかしとりわけ 20 世紀以降、「水田の民」と呼ばれたタイの農耕民の生業は大きく変化して、とくに若い人々を中心に都市的生活への適応が進んできている。家畜飼育についても、農村において小規模に家畜を飼う営みは現在まで継続して行われているが、大勢としてはしだいに行われなくなるなかで、近代的な飼育施設を導入した大規模で産業的な家畜飼育が都市近郊で増えてきている。これはとくに鶏のブロイラー飼育に代表され、大消費地であり輸出の拠点でもあるバンコク近郊で盛んに行われるようになっている。国レベルのマクロな視点からみると、タイにおいてはどのような家畜がどのくらい飼わ

れてきたのだろうか。ここでは統計資料から、タイにおける近代的な産業としての家畜飼育、いわゆる畜産の発展の状況を概観する。

Wilson（1983:143）は、1910 年代から 1970 年代までのタイの生業に関する統計を示すなかで、家畜の飼育頭数の推移を示している。これによると 1910 年代（1917/1918 年の数値）のタイには、およそ象 6000 頭、馬 11 万頭、牛 150 万頭、水牛 230 万頭、豚 80 万頭が飼われている。これが 1950 年代（1955 年）には象 1 万2000 頭、馬 18 万頭、牛 330 万頭、水牛 420 万頭、豚 280 万頭と、いずれの家畜についても大幅に飼育頭数が増加している。また同時期には、アヒル 660 万羽、鶏 3000 万羽が飼われている。

タイにおいても 1910 年代から 2010 年代までの約 100 年間には、大幅に人口が増加している。この人口と家畜の飼育頭数の推移の相関関係はどのようであろうか。次に FAO が公開している 1961 年以降の家畜飼育頭数の資料（FAOSTAT）と、Wilson（1983）の資料とを基にして、タイにおける人口と家畜飼育頭数の約 100年間の推移（1910 年代から 2010 年代まで）を概観しよう。なお、象については FAOの資料に示されていないが、桜田（1994:56）によると 1988 年に 5000 頭、1992年に 3000 頭と次第に飼育頭数は減少しており、2000 年代においては観光地で観光客を乗せたりする見世物的な利用が主に行われている。

まず、鶏は 1950 年代から 1980 年代までは、農村での飼育を基盤として人口増加に沿った増加傾向を示している。しかし、1980 年代後半以降は明らかに人口増加との関係と異なる次元での増加傾向を示している。これは CP（チャルーン・ポーカパン）に代表される企業によって、生産から輸出までが管理された、いわゆるブロイラーの大規模飼育が普及したことと関係している（中川 2004）。例えばタイ国内では 2000 年代において、およそ 1 万戸のブロイラー飼育農家が存在し、その 7 割はバンコク周辺地域に位置している（平石・木下 2011）。なお、2009 年の例を挙げると、タイでは 1 月の時点で 1 億 7000 万羽の鶏を飼い、年間では約 110 万トンの鶏肉が生産され、鶏肉調整品として約 35 万トンが輸出されている。輸出の内訳は日本に約 15 万トン、英国に約 12 万トンであり、タイの鶏肉輸出はこの 2 ヶ国が大勢を占めている[4]。このような鶏の劇的な変化に対して、アヒルは人口増加に沿って増えているが、1980 年代からの鶏のような急な増加の傾向は認められない。

　次に、牛と水牛は、1940 年代までの増加は人口増加に沿っている。しかし、その後 1960 年代までは停滞している。この 1940 年代から 1960 年代までの停滞は第二次世界大戦との関連が考えられるが、統計の精度の問題もあるように思われる。そして 1960 年代以降、1980 年代までは再び人口増加に沿って増加傾向にあるが、水牛は 1980 年代半ばから飼育頭数が大幅に減少する。これは水田耕作の機械化の影響を受けたもので、例えば東北タイにおいては 1970 年代にこの変化が進んだことが報告されている（Simaraks et al. 2003）。いっぽう牛は 1990 年代前半に大幅に増加したあと減少し、2000 年代以降再び増加傾向にある。このような牛の飼育頭数の増減変化は、換金目的の牛飼育の流行との関連が示唆される。

　そして、豚は、1920 年代から 1950 年代についての状況は不明である。その後 1950 年代から 1990 年代まで、傾向としては人口増加に沿った増加が認められる。豚は牛や水牛と比較すると出荷のサイクルが短く（近代的な養豚では生後半年で出荷する）、その時々の販売価格に合わせて生産量の調整（交配の頻度を調整して子豚量を減らすなど）が容易である。そのため牛や水牛に比較して年単位での飼育頭数の増減がはげしい。しかし 1990 年代以降の、飼育頭数の急な増加はそれまでとは異なる次元のものとなっている。これは生産の集約化進んだことと関連し、豚においても鶏と同様に企業よる大規模飼育が盛んになっている（佐々木 1995）。

　以上に概観したように、人口増加と経済発展によるタイ全体としての食肉消費量の増加、さらに海外への加工肉輸出の増加によって、タイで飼われる家畜の数は、象と馬と水牛を除いて年々増加している[5]。移動・運搬・耕起には、家畜に代わって車・バイク・耕運機を使うように変化した。食肉需要の増加にあわせて都市近郊での大規模な飼育が大幅に増えている。とくに鶏と豚については企業的生産量の増加が著しく、豚についても 1990 年代半ばで既に、タイで飼われる豚の約半分は企業的生産であった（佐々木 1995）。しかし、国レベルのマクロな状況としてはこのような大きな変化を伴っているが、都市からはなれた周縁の農村においては、依然として粗放的で小規模な牛、豚、鶏などの家畜飼育が存在し、自給用・換金用として現在まで飼われている状況がある（高井 2002、高井ら 2008、Masuno 2012、増野 2015）。

2-3　タイ北部における多様な生業文化

　先述のようにタイ北部は標高 1000m 程度の大小の山々が連なる土地であり、川沿いに盆地がひらけている。このような盆地では古くからタイ系民族が水田稲作を行い、それぞれの盆地を単位としてムアンと呼ばれる政治組織を形成してきた。具体的には現在のチェンマイ、プレー、ナーンといった盆地がそれぞれの単位にあたる。ただし、王国を形成したそれぞれのムアンも、時にはチェンマイを中心とするラーンナー王国に編入されるなど、ムアンの相互関係は時代とともに移り変わってきた（Wyatt 1994、Ongsakul 2005）。このようなタイ系民族のムアン群の分布範囲は、タイ北部にとどまらず、現在のラオス北部・ベトナム北部、中国雲南省・ビルマ北部のシャン州を含む地域に広がり、タイ文化圏として文化的なまとまりが示されている（新谷ら 2009）。

　次にタイ北部の農村に焦点をあてて、人々が家畜を飼う状況を概観する。以下では、ナーンの盆地と周辺山地を含んだムアンである現在のナーン県を事例として、生業の複合的な状況を確認する。

　統計資料（Nan Provincial Statistical Office 2011）によるとナーン県の面積は 1 万 1470km^2 で人口約 48 万人、人口密度は 41.5 人 /km^2 となっている（2010 年）。日本の長野県がおよそ 1 万 3600km^2 であるので、それよりは少し小さい。土地利用の状況をみると、全面積 1 万 1470km^2 のうち、農地はわずかに 1120km^2 で、森林が 8500km^2、そして農地以外が 1860km^2 を占めている（2005 年）。このように、ナーン県は山地の森林が約 74％と土地面積の大半を占め、県の中央を流れるナーン川周辺の盆地では水田地帯が広がっているが、農地は面積としてはわずか約 10％を占める存在である（写真 2-1）。

　ナーン県における作物栽培を概観しよう。作物別の農地利用面積をみると、2010 年に水稲は 450km^2 で陸稲は 460km^2 と同じ程度の面積となっている。いっぽうトウモロコシは 1280km^2 とナーン県でもっとも栽培面積の広い作物であり、水稲と陸稲をあわせた面積よりも広い。これはトウモロコシが 2000 年代において換金用として栽培が流行していることによる。この他には大豆が 60km^2、ゴムの木が 50km^2 と続き、果樹は竜眼が 40km^2、ライチが 20km^2 となっている。

写真2－1　ナーン市近郊農村周辺の水田景観(タイ北部ナーン県、2011年9月)

　先にナーン県の農地面積は1120km² と示したが、これは水田と平地のトウモロコシ畑を含む数値と考えられる。そして陸稲やトウモロコシの多くの部分は山地の傾斜地での焼畑によるのもので、森林面積の8500km² に含まれている。

　次に、ナーン県における家畜飼育を概観しよう。2010年に牛は6万6000頭、水牛は1万5000頭が飼われている。そして、豚6万8000頭、山羊1400頭、鶏193万羽、アヒル7万4000羽が飼われている。これから、水田の耕起作業は耕運機に代わってきているが、それでもまだ水牛はある程度飼われていることが確認できる。Worachai et al.（1989:18）はナーン県において1986年に牛4万7000頭、水牛5万2000頭が飼われていたことを示しており、ナーン県においても牛飼育は増えているが、水牛は大幅に数を減らしていることが理解できる[6]。

　では豚はどうだろうか。タイ北部の人々が飼う多様な家畜のなかでの豚の位置づけについて、古くは1930年に調査を行ったZimmerman（1931:20）が、主に水田稲作が行われる低地の農村においては、水牛や牛が存在するために、豚は飼われているが財としての価値は低いと述べている。このように平地のタイ系

民族は、かつてはそれほど豚を飼うことに熱心ではなかった可能性がある。また、Zimmerman (1931:20) は、豚を市場用に購入して畜殺販売する仕事には華人が関わっていたと述べている[7]。このように、タイにおける豚飼育を考える際には、華人の移入により豚肉の需要が増加したことが重要であろう。柿崎（1998）はタイにおける華人の増加によりバンコクでの豚肉需要が高まり、1900 年頃にタイ東北部から、1910 年頃にタイ北部からバンコクへつながる鉄道が敷かれると、豚の輸送が盛んになったことを示している。タイ北部からの豚の輸送が増えたということからは、タイ北部の農村での豚飼育が当時盛んになったことが考えられる。いっぽうで、タイ北部においても山地に暮らす「山地民」と呼ばれる少数民族の人々は、従来から豚を盛んに飼ってきた (Bernatzik 1947:495-502)。カレン、モン、ミエン（ヤオ）、アカといった少数民族の人々は、18 世紀から 19 世紀にかけて、しだいに現在のタイ北部の山地に移住してきた民族集団である[8]。これらの人々は 2003 年には、約 92 万人がタイ北部を中心に村落を形成して暮らしている（Tribal Museum 2004）。

写真2-2　森を探索して、狩猟された野生ネコ（タイ北部ナーン県、2006 年 2 月）

　以上に、ナーン県の事例からタイ北部における作物栽培と家畜飼育の概要を確認したが、こうした主要な生業以外にも統計資料には集計されにくい、川や水田での漁撈、あるいはタケノコやキノコ採集といった、人々が日々のおかず食材を自給する活動が生業としてある。加えて山地の森林では、イノシシなどの狩猟活動もある。これらの活動は、農耕の息抜きとしての側面もある（写真 2 - 2）。また近年は、バンコクやチェンマイといった都市での出稼ぎも盛んにあることから[9]、タイ北部の人々が行う生業は、作物栽培と家畜飼育を主要としながらも、その他の諸活動を含んだ複合として存在している。

注

1)　タイにおける牛乳の生産は、国の支援をうけて 1960 年代から試みられている。1992 年にはタイ中部を中心に約 22 万頭の乳牛が飼われている（佐々木 1995）。

2)　マハーサラカムにタイ政府により牛飼育センターが 1968 年に作られた影響がある（Donner 1982:620）。

3)　中部、東北部、北部、南部といったタイに固有の地域分類と、各地域の生業文化の差異についてここでは詳述しないが、Donner（1982）による研究が 1970 年代までの状況について参考になる。

4)　平石・木下（2011）が示す「日本の鶏肉供給シェア（2010 年度）」によると、タイ産は 9％であり、国産が 18％を占め、中国産が 63％と大勢を占めている。

5)　ただし牛・水牛の飼育については、タイで生産されたものだけでなく、ラオスやミャンマーから国境を越えて流通してきているものも勘案する必要がある（cf. 高井 2011、2019）。

6)　1986 年のナーン県の人口は約 42 万人で 8 万 7000 世帯（Worachai et al. 1989:11）。

7)　同じく 1930 年代にタイ農村を広く見ている Andrews（1935:86）も、タイの農民は華人商人から子豚を買い、肥育を 1 年から 2 年の間行い、再び華人商人に売ると述べている。同様の指摘は、チェンマイ市近郊の農村を、1948 〜 1949 年に調査した de Young（1966:97-99）や、1966 年に調査した Marlowe（1969）にも確認できる。

8)　少数民族の移住史の研究が、タイへの移住事例をはじめ、近年充実している（cf. 吉野 1991、Culas and Michaud 2004、谷口 2007、増野 2009、王 2011、須藤 2013、吉川 2013）。なお人文地理学においては、移住と土地開拓の主題は古くから関心が持たれている（cf. Pelzer 1945、Sauer 1952、Tanabe 1994、小林 2003、米家 2019）。

9)　タイの山地に暮らす少数民族の都市での出稼ぎは、1980 年代後半にはかなり本格化して、現在までに、若者を中心に都市への適応が進んでいる（cf. 吉野 1991、2014、Michaud 1997、Hayami 2004、吉松 2016）。

第3章
農耕民モンの生業文化：
タイ北部ナーン県 HY 村

3－1　自然環境・人口・立地

　ここではモンの人々の暮らしと生業文化について、タイ北部の村（Huai Yuak 村：HY 村）の事例から概要を述べる。後に続く章で詳細を述べる豚を飼う文化をとりまく状況について説明する。

　なお HY 村はナーン県に 26 村あるモンの村のうちの 1 つである（図 3－1、写真 3－1）。HY 村は生業や人口規模において、ナーン県内の平均的なモンの村と

写真3－1　ナーン県におけるモンの村周辺の景観（HY 村、2005 年 10 月）

みなすことができる（表3－1）。ナーン県内のモンの人々は、基本的にはトウモロコシを主要な換金作物としていて、集落標高が1000mを超える場合、キャベツが重要になる傾向があり、標高が低く市街に近い場合、果樹（マンゴー）栽培もしている（図3－2）。家畜については、豚を飼うことが高い割合で示されている。牛は1割未満の割合の村が多く、HY村もこれに相当する。一部の牛を飼う割合が高い村は、何らかの条件で放牧地の確保が可能な事例と考えられる。

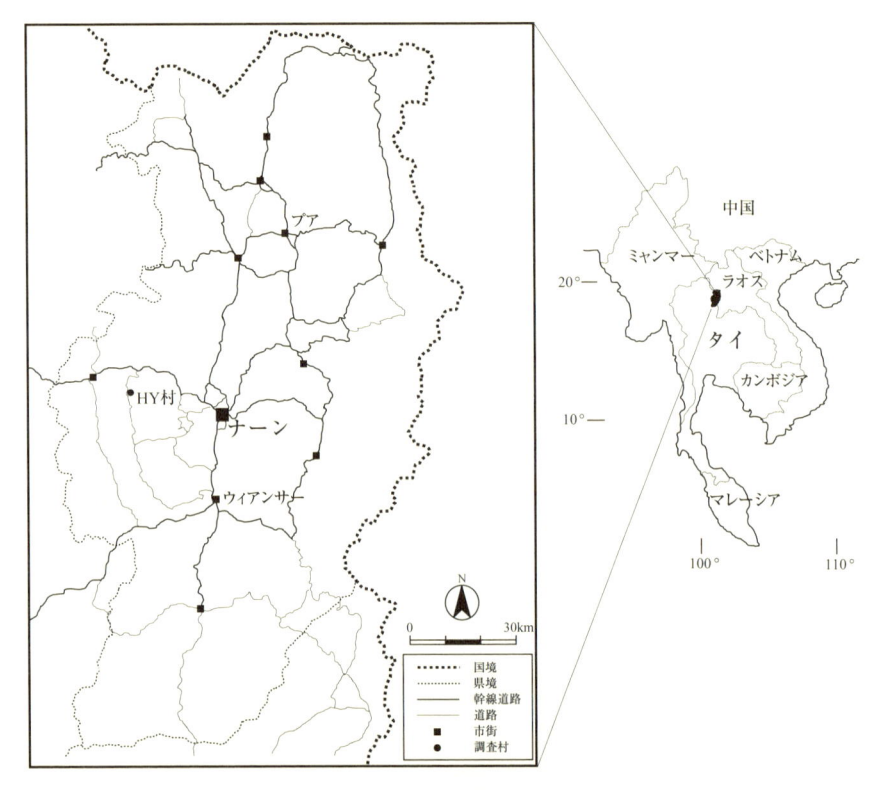

図3－1　タイ北部ナーン県におけるモンの村（HY村）の位置
出所：筆者作成

表3-1　タイ北部ナーン県内のモンの村における人口および生業

番号	村名		集落標高(m)	戸数(n)	人口(n)	主要換金作物				豚飼育(%)	牛飼育(%)
						Co	Gi	Ca	Ma		
1	フアイユアック	Huai Yuak	700	90	714	○				80	3
2	フアイナンニュ	Huai Na Ngiu	600	50	309	○				80	4
3	タキアントン	Takhiang Thong	550	64	318	○				80	11
4	パンプイ	Pang Poei	550	196	1800	○				40	3
5	ソンクエー	Song Khwae	350	250	1770	○				80	0
6	マイチャルンスク	Mai Charun Suk	350	130	730	○				80	0
7	ロムガオ	Rom Klao	600	140	964	○				60	36
8	キウナム	Kiu Nam	900	30	210	○				80	100
9	ナムトゥアン	Nam Tuang	800	180	1327	○				80	83
10	ボホイ	Bo Hoi	700	160	900	○				80	1
11	パクディタム	Phak Di Tham	700	170	900	○				40	1
12	ドイティウ	Doi Tiu	1200	186	1327	○				60	13
13	クンサタン	Khun Sathan	1200	200	900	○		○		80	2
14	センソン	Sen Son	1200	200	950	○		○		40	2
15	ドンプライワン	Don Phrai Wan	550	116	782	○				40	9
16	パンチャン	Pang Chang	400	69	512	○				40	12
17	ナムプン	Nam Poen	350	200	1508	○			○	10	1
18	スアンサイ	Suan Sai	350	310	2200	○			○	10	1
19	カンホー	Khang Ho	350	312	1970	○			○	0	0
20	ソッペッ	Sop Pet	300	269	1820	○			○	80	0
21	マニプッ	Mani Phruk	1350	151	1371	○	○			80	60
22	パンケ	Pang Kae	1150	340	2040	○	○			40	9
23	ナムソット	Nam Sot	350	79	700	○				40	13
24	タムウィアンケ	Tham Wiang Kae	700	168	1200	○				80	6
25	パーミー	Pha Mi	700	180	1159	○				100	6
26	パンゴップ	Pang Kop	1050	9	67					100	89

注1）標高は集落中心地の高度を示す。
注2）主要換金作物について、Co はトウモロコシ、Gi はショウガ、Ca はキャベツ、Ma はマンゴーを示す。
注3）戸数と人口、および牛飼育の割合（村内の飼育戸数）は、各村の村長等への聞き取り結果に基づく。
注4）豚飼育の割合は各村ごとにランダムに選んだ5戸への聞き取り結果を示す。
出所：筆者の現地調査（2010 年 9 月、2011 年 2 月、9 月、2012 年 2 月）

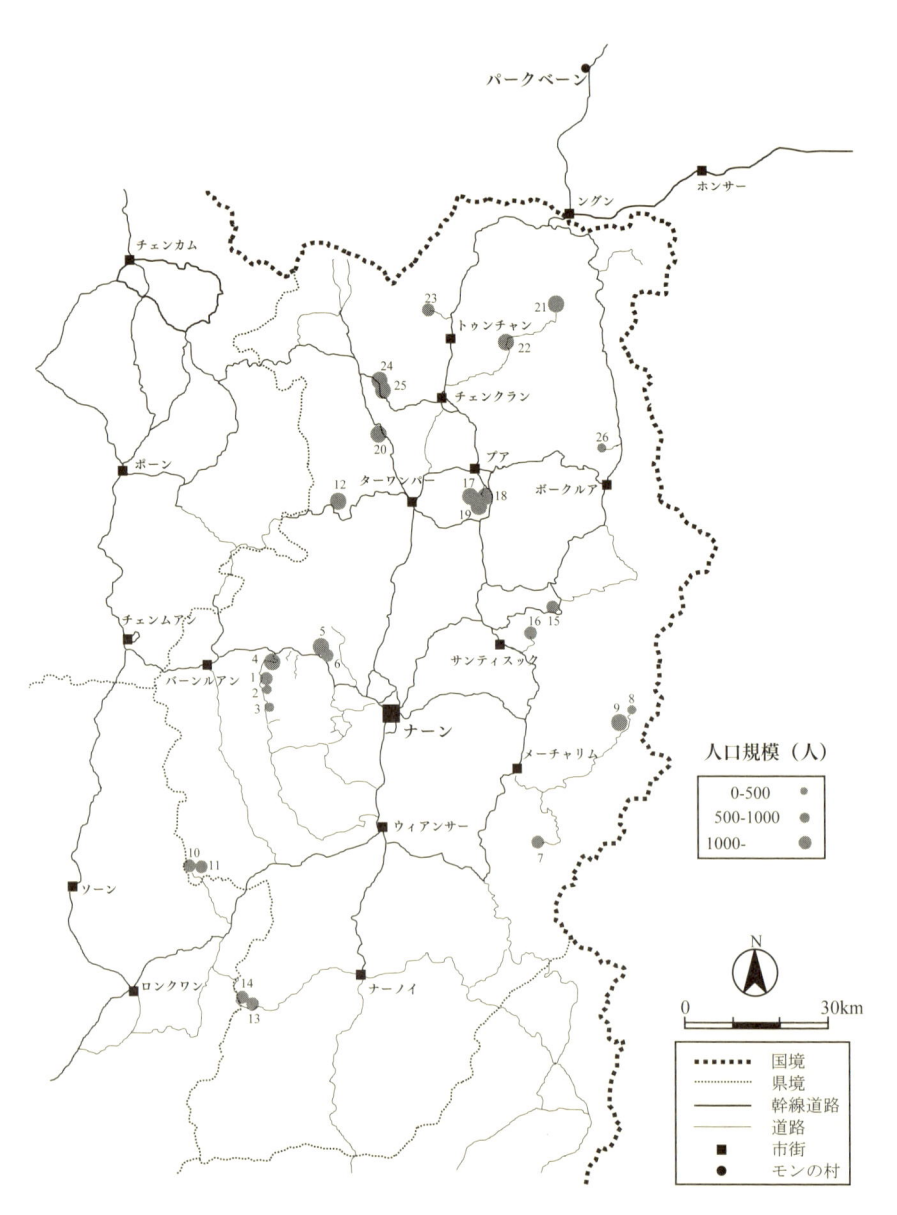

図3−2　タイ北部ナーン県におけるモンの26村の分布
注）村の番号と人口規模は表3−1に対応している。
出所：筆者の現地調査

自然環境

　HY 村はチャオプラヤー（Chao Phraya）川の上流に相当するナーン（Nan）川の
さらに最上流域に位置する（100.5° E.、18.8° N.）。集落の標高は約 700m で、周辺
の植生は熱帯モンスーン林を主として、焼畑地と焼畑後の竹林がみられる（写
真 3 - 2）。周囲を囲む山は高いもので約 1000m である。

　気候について、降雨パターンは平地部と大きくはかわらず、5 ～ 10 月が雨季、
11 月～ 4 月が乾季で、年間雨量は約 1400mm となっている（図 3 - 3）。また気
温は 4 月～ 10 月は 20 度から 30 度前後で推移するが、11 月～ 1 月は寒期で朝
方 15 度を下回る日もあり、2 月～ 3 月は暑期で日中 35 度を超える日もある[1]（図
3 - 4）。

写真 3 - 2　焼畑地における火入れのようす（HY 村、2006 年 4 月）

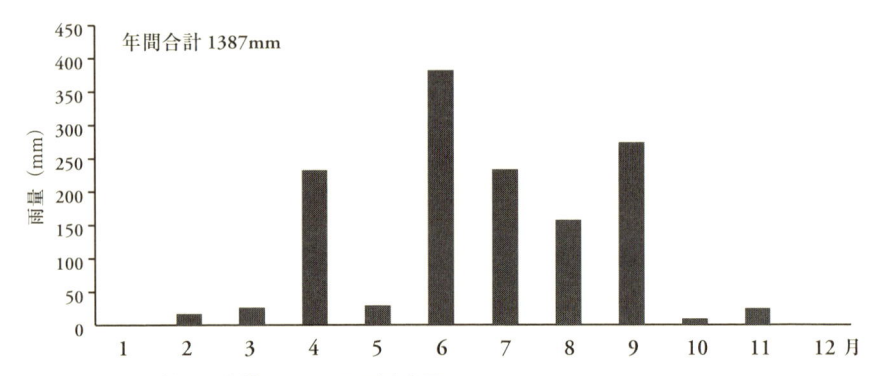

図3-3　HY 村周辺地域における月別降水量
注）HY 村の属する郡の役所が位置する PPT 村での測定値（2004 年 8 月〜 2005 年 8 月）を示している。
出所：筆者の現地調査

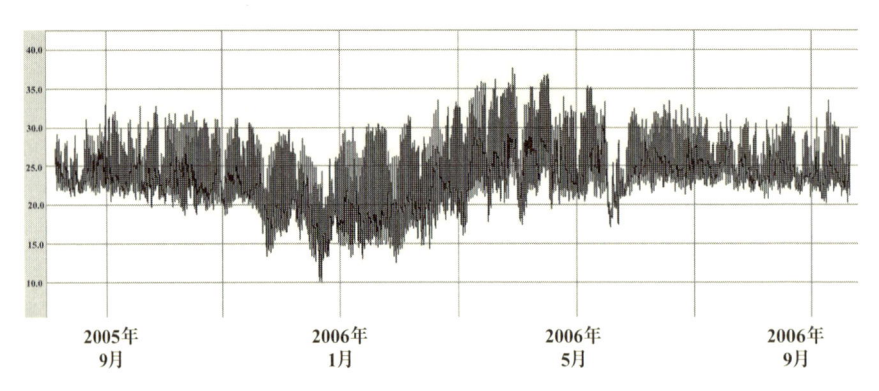

図3-4　HY 村における気温（摂氏）の変化
出所：筆者の現地調査（2005 年 8 月〜 2006 年 9 月）

人口

　HY 村の人口は 632 人（2005 年）で 80 戸から成る（図 3 - 5）。この HY 村の人
口規模は、ナーン県にあるモンの村の中では中程度の規模となっている（表 3 -
1）。タイおよびナーン県における、人口からみたモンの位置づけを確認すると、
タイの人口は約 6800 万人（2009 年）であり、モンを含む少数民族は、約 92 万人
（2003 年）である（Tribal Museum 2004）。そしてタイにおけるモンの人口はこのう
ち約 15 万人で、このうちナーン県には約 2 万 5000 人が暮らしている。統計書
『Provincial Statistical Report 2005 Nan』によるとナーン県の人口は約 48 万人（2005

年）であるので、モンの人口はナーン県のおよそ 5% を占めている。ちなみに、ナーン県の人口密度は 41.6 人 /km^2 となっている。

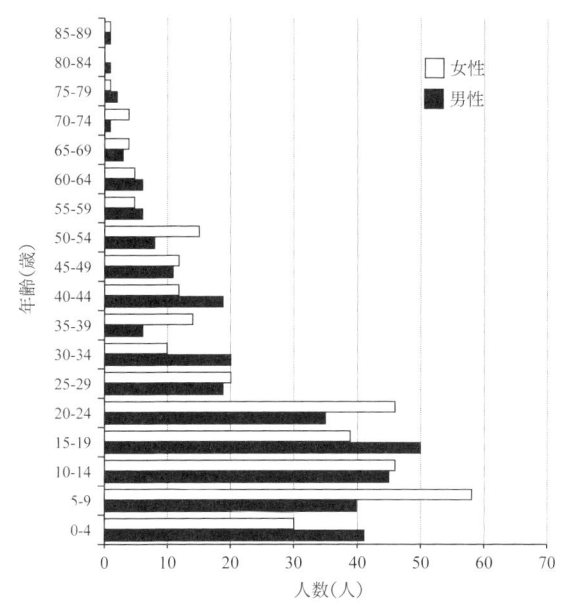

図3－5　HY 村における年齢別人口
出所：筆者による現地調査（2005 年 10 月）

立地

　HY 村はナーン県の中心市街であるナーン市から西へ約 40km に位置する。車では約 1 時間程度かかる。2000 年代の HY 村内において、バイクはかなりの家に普及しているが、車は一部の家が所有するにとどまり、車を所有しない人々は、ピックアップ型の車の後部に乗り合い、ナーン市街へでかける（写真 3 － 3）。2005 年には HY 村内で、12 台の車と 48 台のバイクを確認している。なお、HY 村からナーン市街への往復 80km 程度にかかるガソリン代は、車では 300 バーツ（約 900 円）、バイクでは 50 バーツ（約 150 円）程度となっている（2005 年および 2006 年）。周辺にはモン族のほかに、ミエン（Mien）族、ティン（H'tin）族などの村が分布している。

　図 3 － 6 に、HY（Huai Yuak）村の周辺の概要を示した。HY 村周辺にモンの村

写真３－３　トラックの荷台に乗り合い、ナーン市街へ出かける人々（HY 村、2005 年 9 月）

は４つ、それぞれ南へ約 4km に HN（Huai Na Ngiu）村、北へ約 7km に PP（Pang Poei）村、南へ約 10km に TT（Takhiang Thong）村、そして北東へ約 20km に SK（Song Khwae）村がある。この４つの村のうち HN 村のみミエンとの混合村になっている。またミエンの村は HY 村周辺に、HN 村を含めて５つあり、それぞれ北東へ約 7km に HC（Huai Cha Pun）村、北東へ約 12km に MNF（Mai Nai Fan）村、東北東へ約 12km に HM（Huai Mon）村、南へ約 8km に HF（Huai Fai）村がある。そしてティンの村は１つあり、南東へ約 15km に HL（Huai Lia）村がある。HY 村付近を流れるサー川の下流域には、上記のようなモン、ミエン、ティンの村が点在している。そしてサー川下流域において南へ約 20km にはタイ族の PPT（Pa Pae）村がある。

　また、近隣のタイ族の大きな村としては北西に約 15km にバーンルアン（BL: Ban Luang）村がある。そして、東へ約 40km にナーン（Nan）市街、南東へ約 60km にウィアンサー（Wiang Sa）市街がある（図３－１、図３－２を参照）。

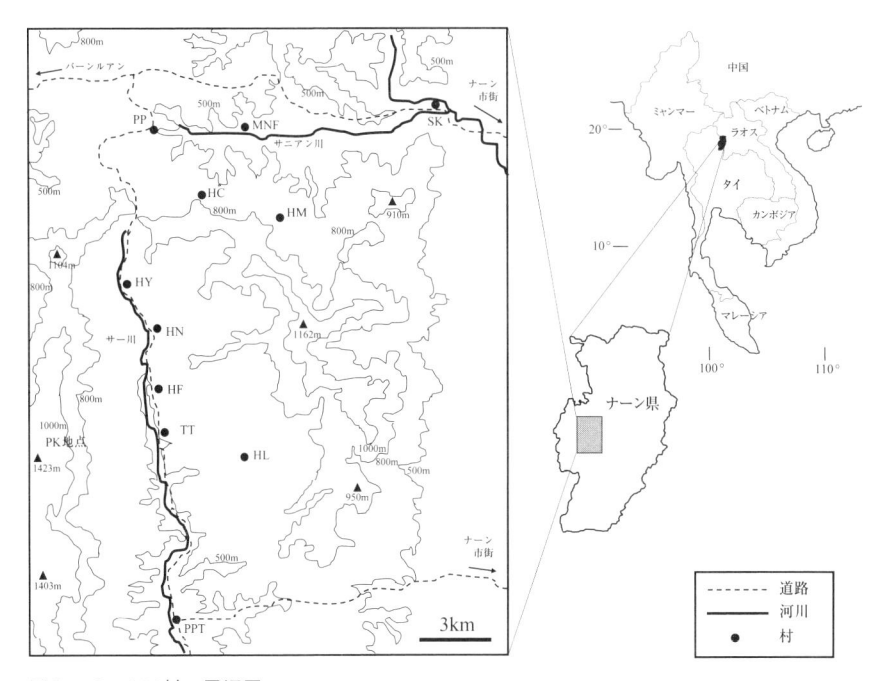

図3－6　HY 村の周辺図
出所：タイ国王立調査局（Royal Thai Survey Department, Bangkok, Thailand）による地図（1:250000、1978 年）
　　　を元に筆者作成

3－2　移住とその経緯

　タイ北部地域の先住民はモン・クメール系とされ、現在の例えばカム（Khamu）
などが相当する（Renard 2015）。そこへ、中国南部からタイ系の民族が南下して
きて、盆地で水田稲作を行うようになり、やがて 13 世紀頃には盆地単位のムア
ンと呼ばれる王国を形成している。この盆地に対して、近隣の標高 1000m 程度
の山地の森林地帯は、長らく人口が希薄な状況にあった。そこへ 19 世紀以降、
モンをはじめとする焼畑を生業とする少数民族が進出してきた経緯がある。タ
イ北部でも西側に多く分布するカレン（Karen）は、もう少し早い時期の 18 世紀
後半（1775 年頃）には到着している（速水 2009）。
　モンは、図3－7に示すように中国南部から、分布域を南に拡大させてきた

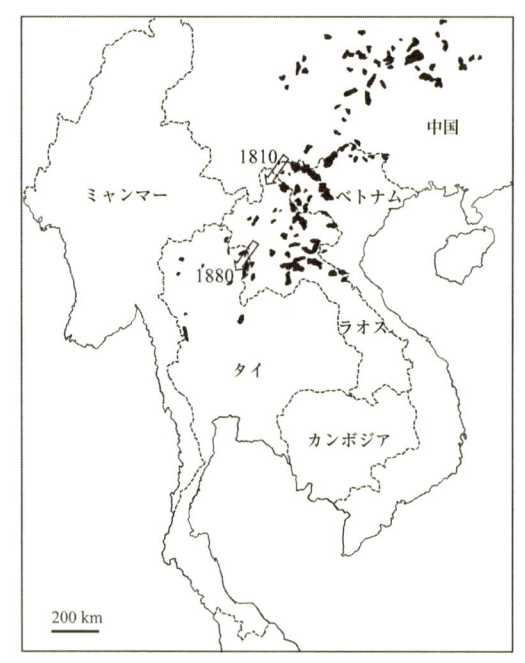

図3−7　モン・ミャオ語話者の分布と拡大過程
注）図中の矢印と数値は、移住の方向と時期（西暦）を示す。
出所：LeBar et al.（1964）を元に筆者作成

民族である。中国では苗族（ミャオ族）と呼ばれ、モンはおよそ3つに分けられる言語グループの1つに相当する（鈴木 2012）。この南下の過程では、移動を繰り返しながら焼畑を営み、自給用の陸稲栽培と換金用のケシ栽培を行ってきている（Geddes 1970、1976、量 1978、Cooper 1984）。なお、中国の中でも苗族が多く暮らす貴州省の事例からは、水田での稲作、あるいは畑地でのトウモロコシ栽培を主な生業とする集団や、換金経済に深く関わりタバコ栽培を主な生業とする集団もいることが示されていて、生業の多様化はかなり進んでいる（Tapp 2003、金丸 2005、Congming 2009）。タイにおいてもケシ栽培が禁止されて、1980 年代頃から取り締まりが厳しくなってくると、次第に換金用にはトウモロコシやキャベツなどの野菜の栽培、またチェンマイ市近くで、開発プロジェクトが関わっているところでは、イチゴやコーヒーの栽培が試みられている。
　東南アジア大陸部へと次第に南下したモンは、現在のラオスの領域には 1810

年頃、そしてタイへはナーン県に 1880 年頃、ターク県に 1929 年頃に現れたことが確認されている（Culas and Michaud 2004）。なお、20 世紀前半の 1944 年には、タイは不明であるが、ベトナム北部に 4 万人、ラオスに 2 万人の人口が示されている（Geddes 1976）。

　なお、モンの人々が 20 世紀に従事したケシ栽培の背景には、18 世紀以降、アヘン戦争を経て、雲南省をはじめとする中国南部で盛んになっていた栽培が、1949 年の中華人民共和国の成立により、中国での国内生産が禁止されたことの影響を受けて、栽培の中心地が東南アジア大陸部に移ったことがある（秋道 2011）。

　20 世紀の後半に、モンはインドシナ戦争において、一部の人々がアメリカ側やベトナム側に傭兵として関わり、混乱した時期を過ごした（Hamilton-Merritt 1993）。1980 年頃には状況が落ち着いてくるが、その間に、アメリカやヨーロッパなどに移動した人々も存在する。例えばアメリカ合衆国には、1980 年代初頭までに約 13 万人が移ったとされる（Vang 2010）。モンを含むミャオの人口規模は、1990 年代には、およそ中国に 735 万人、ベトナムに 79 万人、ラオスに 32 万人、タイに 12 万人、となっている（Culas and Michaud 2004）。

　タイにおける 2002 年の統計は、15.4 万人のモンが、253 村に分かれて暮らしていることを示している（MSDHS 2002）。その後の、人口の推移について、まとまった統計資料はないが、2010 年代には、20 万人を超えていると推定される。図 3 － 8 に、タイにおけるモンの村数（2002 年）を示した。このうち、チェンマイ県（57 村、2.5 万人）、チェンライ県（45 村、3.1 万人）、ターク県（43 村、3.2 万人）の 3 県で人口の約 6 割を占めているので、タイ北部の中でも、どちらかといえば西部に偏りがある。筆者が主に調査をしているラオスと国境を接するナーン県（29 村、2.5 万人）は 4 番目の規模に相当する。

　なお統計書（MSDHS 2002）にはナーン県のモンの村数は 29 村と示されているが、筆者が現地調査により確認したところ、26 村であった（表 3 － 1、図 3 － 2）。これは異なる民族の村がモンの村とカウントされていたりすることによる。すなわち、上記の統計書（MSDHS 2002）はその程度の誤差を含む資料として認識する必要がある。

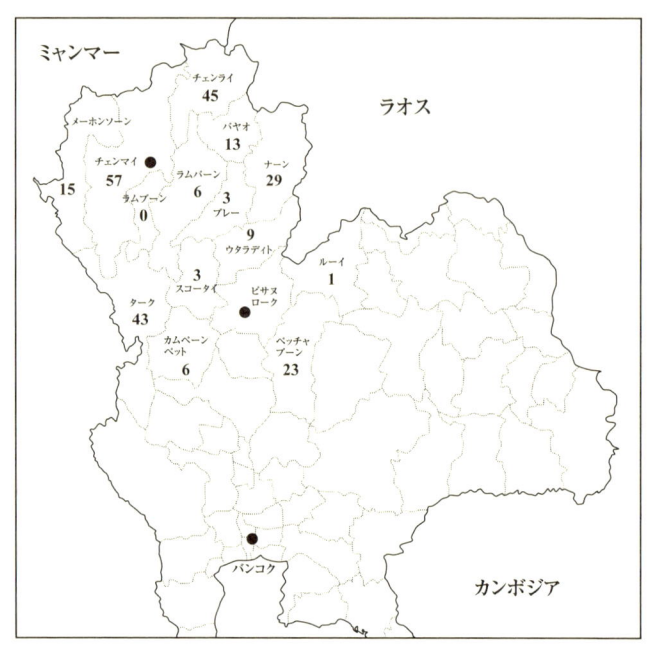

図3−8　タイの各県におけるモン村数（2002 年）
注）図中の黒丸印（●）は主な都市を示す。
なおナーン県のモン村数は筆者の確認では 26 村（表3−1）。
出所：タイ国政府報告書（MSDHS 2002）を元に筆者作成

3−3　人口とその動態

　タイにおけるモンの人口を概観すると、次のような特徴が指摘できる。まず、
1965 年において、364 村に 5.3 万人（Geddes 1976）であったものが、2002 年に
は、253 村に 15.4 万人（MSDHS 2002）となっている。つまり単純にみると人口
は、40 年ほどで 3 倍に増加している。また、1 村あたりの人口は、147 人（1965
年）から、609 人（2002 年）となり、4 倍近くに増えている。なお、1982 年（調
査は 1970 年代後半頃）の人口として、142 村に 4.3 万人（Tapp 1989）という数字も
ある。1960 年代から 1970 年代にかけては、人々の移動と村の統廃合がかなり
あり、ラオスに向かったあとにアメリカに移住した集団も多く、実際、タイに
おけるモンの人口は、1970 年代に一度減少したあと、1980 年代以降、新たな出

生により人口が増加して現在に至ると考えられる。ちなみに、1 村あたりの人口は 303 人（1982 年）を示し、147 人（1965 年）と比較すると 10 年程度で 2 倍に増えている。

　図 3 - 9 に、HY 村とその移住の過程を示した。すなわち 1950 年代までは、ナーン県の北部でラオスとの国境に近い、ボークルア（Bo Kluea）の町の近隣の山中にある BK 地点に村落を形成していた。そして、1960 年代（およそ 1967 年頃と聞いている）には、現在の HY 村から南に約 7km の山中の、PK 地点に移り村落を形成した。そして、1980 年には現在の場所に移住している。

　BK 地点にいた頃は、親族単位の小さな集落で、周りにいくつかモンの村があり、ラオス側のモン村との間の行き来もしている。そして、よりよい土地を求めて、PK 地点に移住している。インドシナ戦争が激しくなってくる頃で、背景は複雑だが、PK 地点の周辺で、木材伐採会社（タイ系民族による）が伐採をし

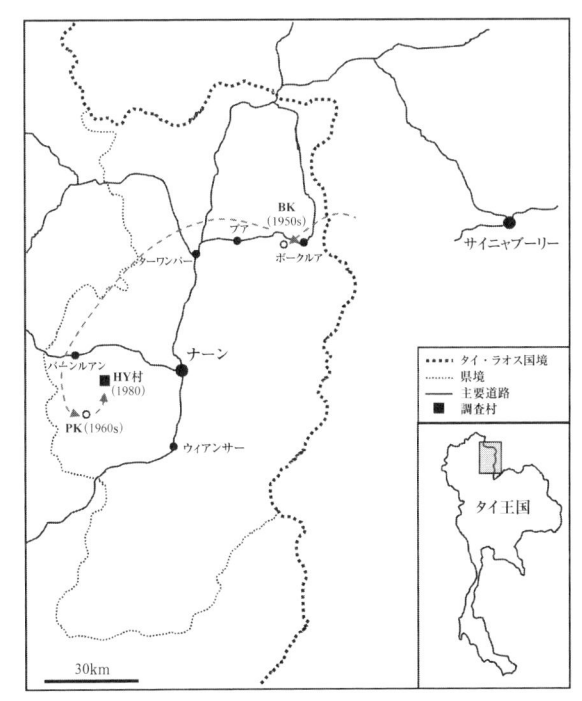

図 3 - 9　HY 村の集団の移住過程
出所：筆者の現地調査

ていて、その跡地の利用が1つ関係している。なお、この時の移動の際には、家畜のうち豚と鶏は大方食べて数を減らして、馬を使って家財道具を運んでいる。牛はそのまま連れてゆき、PK地点近くのバーンルアン（タイ族の村）あたりを通る時には、そのうちの数頭をタイ族に提供して挨拶をしたという。

　このPK地点に移る頃に、ある親族は西のターク県や南のペッチャブーン県に向かっていて、いくつか選択肢があるなかでの移住であったと考えられる。このターク県やペッチャブーン県に移った親族とは、HY村に暮らす2000年代においても、正月や婚礼あるいは葬送時などに、親族間の交流は続けられている。

　PK地点は標高約1000mで、周辺はケシ栽培に適していたという。ただし川からは少し距離があった。現在のHY村の集落の標高は約700mとPK地点よりも少し低いが、近くを川が流れている。PK地点に暮らしていた頃に既に、HY村集落の場所は、ある村人により焼畑地として利用されていた。このPK地点からHY村への移住には、ケシ栽培が禁止されて次第に栽培が難しくなってきたこと、川とそれに沿った道路へのアクセス、そして、将来の電力や保健所の利用などが考慮されたという。

　HY村では、その後1990年代半ばには、村までの電線と保健所の設置がなされている。道路は北に約5km分は長らく未舗装で、雨季に雨が降ると車が登れない状況にあったが、2007年には舗装されている。

　先に示したHY村の男女別・年齢別の人口（2005年）を再確認すると（図3－5）、HY村の場所に移った1980年からは25年が経過していて、人口は約3.5倍となり、この間は定住化が進んだとみなせる。HY村の人口は合計で632人であり、先に示した1村あたりの平均人口の609人（2002年）を参照すると、平均的な規模といえる。そして年齢別の人口に注目すると、24歳以下で人口が大幅に増えている（図3－5）。このことは、定住化の進展との関係性が示唆される。また、35歳から39歳の年齢が少ないことは、この世代が生まれた、1965年から1970年の集団の経験が反映されている可能性があるが、端的には、この集団がBK地点からPK地点へ移った直後の時期に相当していて、移住の経験が、婚姻、出生と乳児の死亡の割合に関係していた可能性がある。以上の事柄からは、ある集団の移住先の環境への適応について、定住化して人口を増やしながら集団が生業を継続してゆくようすが、断片的ではあるが理解される。

3－4　社会・宗教・経済

社会

　モンの人々は父系の親族形態を示し、長らく現在の中国南部に暮らしてきた。しかし、清の時代に漢族が拡大するなかで争いを経験し、ある集団はしだいに南下していった。彼らは文字を持っていなかったが、1950 年代にフランス人宣教師が作ったローマ字表記が、2000 年代にはタイやラオスのモンの一部に普及している。また、タイにおいては 1970 年代生まれの世代からは、学校教育でタイ語を学びある程度タイ語の読み書きを身につけている。

　図 3－10 は HY 村における各戸の父系の親族関係を示している（番号は各戸の家番号を示す）。HY 村には 5 つの姓が存在し、父系出自集団を形成しており、同

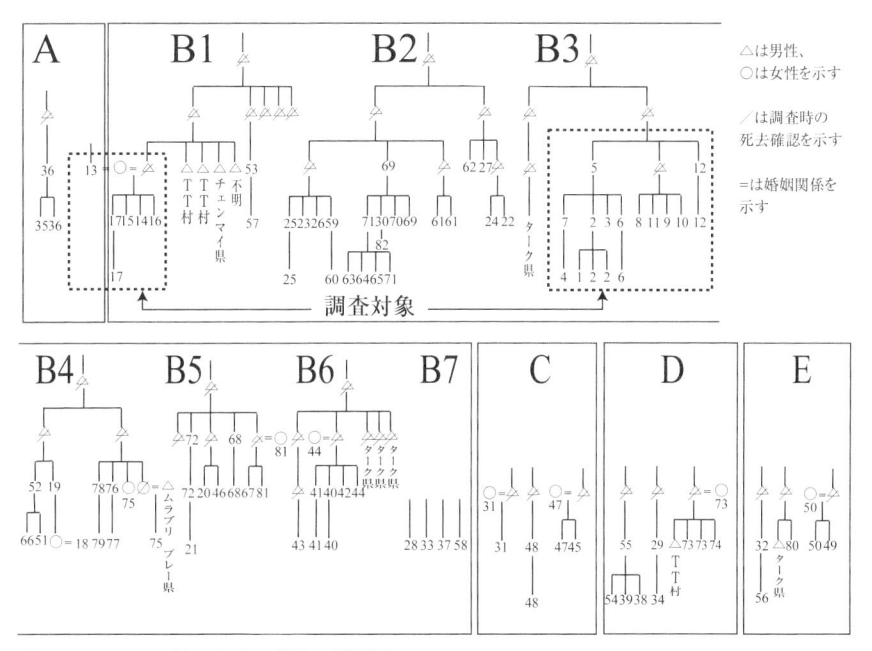

図3－10　HY 村における親族の関係図
注）図は父系の血縁関係を、番号は各戸の家番号をそれぞれ示している。
家番号 1 ～ 82 のうち、37、39、49、58、60 は調査時不在。
出所：筆者による現地調査（2005 年 10 月）

姓の者同士は婚姻関係が結べない、とされる。本研究では、それぞれを親族集団A、B、C、DおよびEと示す。とくに親族集団Bは調査村内の大勢を占めており、さらに直接血縁関係が確認できる7つの下位集団に分けられる。本研究では、それぞれの下位集団を、B1～B7と示す。筆者が主な調査対象とした集団は、B3（家番号1～12）とB1（家番号13～17）の2つの親族集団から成る。

宗教

　モンの人々の信仰はいわゆる精霊信仰であり、年に一度、ウアネン（ua neeb）と呼ばれる祖先祭祀を行う（写真3－4）[2]。これはツィネン（txiv neeb）と呼ばれる宗教的職能者（2005年に村内には8名存在する）により、農耕と同じく親族集団を単位として執り行われている。各戸でそれぞれ年に一度行うこととされ、この際に豚と鶏が供犠される（写真3－5）。いつごろからこの儀礼が行われるようになり、また豚を供犠するようになったのかについては、村人も把握していないが、タイのモンに関する1930年代の記録に豚の供犠の存在が記されている（Bernatzik 1947、1970）。

写真3－4　祖先祭祀のようす（HY村、2006年4月）
注）宗教的職能者が頭巾をかぶり長イスの上に立って飛び跳ねている。

写真3－5　祖先祭祀で豚を供犠するようす（HY 村、2005 年 8 月）
注）のど元に刃を入れ、血を抜く。

　周辺地域のマジョリティであるタイ系民族は上座部仏教を信仰して、各村に
それぞれ寺院が存在するが、HY 村に寺院は存在しない。また現在 HY 村の人々
はタイ国の学校教育制度を受け入れ、村にある小学校ではタイ系民族の教員に
よる教育が行われている。学校の記念行事の折などにはナーンの街から僧侶が
招かれて滞在し、村内を巡回することがある。村人は仏教を信仰しているわけ
ではないが、まれに家先で托鉢に応じる人もいるなど、タイ系民族との交流か
ら、仏教に関わる文化的素養は少しずつ入ってきている。いっぽう、キリスト
教については、村内に 1990 年代後半に建設された教会があり、2005 年には 16
戸がキリスト教徒となっているが増加の傾向はない[3]。このようなキリスト教
の世帯は祖先祭祀を行わないとされる。
　後に詳述するように、HY 村の人々は各戸で豚を数頭ずつ飼い、祖先祭祀や
正月祝いの機会などで畜殺利用している。この豚を畜殺利用する際には、調理
した豚肉の共食が、親族により行われる。すなわち HY 村において豚は人々を
社会的につなぐものとしての側面がある。
　ウアネンと呼ばれる儀礼は祖先崇拝のほかに病気治療も含まれる（cf. Chindarsi

1976）。祖先崇拝は各戸で年に 1 回行われ、病気治療の儀礼は適宜行われる。このほかに HY 村では正月、婚礼および葬送といった、親族の年長者が主導して行われる宗教行事がある。このような、祖先崇拝、病気治療、正月、婚礼および葬送といった宗教行事では豚や鶏が供犠され、畜殺後、宴会で共食される。祖先崇拝および病気治療の儀礼の参加者は村内の血縁関係にある親族に限られるが、正月・婚礼・葬送の参加者は親族に限らず、村全体または村外の知人が対象となる。このため、それぞれの宗教行事の後に催される宴会の規模は、行事の種類、各戸の親族関係と交友関係により異なる。

このような、さまざまな宗教行事において、豚と鶏は畜殺され頻繁に食される。いっぽう牛が畜殺されることはまれで、筆者の調査期間中には HY 村内で 2 回行われ、それぞれ葬送と祖先崇拝（十年に一度程度行う広い親族を対象としたもの）において行われた。

経済

HY 村の人々の主な経済活動は農耕であり、焼畑による陸稲栽培が重要な生業となっている（2006 年）。陸稲の栽培は自給用で、植生を伐採後に火入れをした、焼畑地での栽培が行われている。水田は谷間に一部みられ、一部の人々が利用している程度となっている。換金用には、トウモロコシの栽培を大規模に行っている。この換金用のトウモロコシ栽培では市販の種と除草剤・化成肥料が用いられ、傾斜地を常畑的に利用する場合もある。トウモロコシの栽培は自給用も若干みられ、在来の品種を上記の陸稲とあわせて栽培している。この他の換金用として、一部の人々はショウガ、そして果樹のライチを栽培している。ただ、ライチは 2000 年代には、ほぼ換金はされず、自給用に近い存在となっている。

人々は以上のような農耕を行い、主な現金収入はトウモロコシの換金により得ている。また、農耕に加えて、牛、豚、鶏などの家畜を飼っている（写真 3 - 6、写真 3 - 7）。このような経済活動は、親族関係にある各戸間の協力作業から成り立っている。とりわけ陸稲とトウモロコシ栽培の播種、除草、収穫の作業には、この協力作業が顕著にみられる（写真 3 - 8）。なお、農耕での土地利用において、人々は国の定める土地の所有権は有しておらず、土地の利用権が集団

写真3－6　牛を日帰りで放牧するようす（HY 村、2005 年 5 月）

写真3－7　豚に餌を与えるようす（HY 村、2006 年 2 月）
注）日中、鶏は基本的に放し飼いが行われている。鶏は豚の餌の残りを狙っている。

写真3−8　トウモロコシを収穫するようす（HY 村、2005 年 10 月）
注）編み目の荒いタケカゴが収穫には使われる。

写真3−9　収穫したきゅうりをトウモロコシ畑から持ち帰る子供（HY 村、2005
年 6 月）

内の慣習により運用されている。

　およその農事暦は以下のとおり。2〜3月にかけてその年に利用する焼畑地の二次林（竹林が多い）を伐開する。伐開後、1ヶ月程度乾燥させたのち、4〜5月にかけて火入れを行う。火入れ後の整地作業の後、雨季の始まる5月〜7月にかけて、陸稲とトウモロコシの作付けが行われる。8月〜9月は主に除草作業が行われ、雨季の終わる10月頃までは比較的農閑期となる。この農閑期には、小規模な菜園で自給用の野菜類の播種が行われる（写真3−9）。10月〜12月は陸稲とトウモロコシの収穫時期となる。

　モンの正月[4]は12月であるために収穫が急がれる。1月は比較的に農閑期であるため自家の修繕や婚礼などが行われる。このような農作業は各戸がそれぞれの耕地において行うが、作付けや収穫など、親族を中心とした集団により共同で行われる作業が多くある。このような共同作業に関係する親族集団は、先に示したような直接血縁が確認できる親族集団が基本単位となり、これに知人関係などが加わり各戸に固有の共同作業の集団が形成されている。このよう

写真3−10　トウモロコシを脱穀するようす（HY村、2005年10月）

写真3－11　買取り所に、トウモロコシを運び込み販売するようす（ナーン市内、2005 年 10 月）

写真3－12　道沿いの店で販売される農作物（PP 村、2005 年 10 月）
注）中央の丸く長いものはきゅうり。

に、農耕活動において各戸は自家の作業だけを行うわけではなく、親族集団をはじめ知人の作業にも関わっている。

現金収入の詳細を述べると、トウモロコシは収穫した種子（写真 3 - 10）をナーン市内の買取り所まで運び、販売することで現金を得ている（写真 3 - 11）。平均的な家で約 1 万 kg のトウモロコシ種子を販売し、約 4 万バーツ（約 12 万円）程度の年収がある（2006 年の販売価格は約 4 バーツ /kg または 12 円 /kg）。また、自給用に作った農作物の余剰を道路沿いの露店で販売するようすも散見されるが、これは一部の家に限られる（写真 3 - 12）。

一部の家では、雑貨店の経営、都市への出稼ぎ、公務（地域の自治行政官など）、などによる農外収入がある。なお現金収入の主な用途としては、子供の教育費や婚資（約 10 万円から）をはじめ、バイク（約 6 万円から）、車（約 30 万円から）、テレビ（約 1 万 5000 円から）、などの消費財での利用が挙げられる。

人々はかつて換金用にケシを栽培していたが 1990 年代には栽培しなくなっている。1960 年代にケシ栽培を盛んに行っていた頃、モンを含むタイの少数民族は、政治的不安定をもたらす存在であるとして、東南アジア大陸部においてとりわけ政治的に問題とされた時代があった（cf. 岩田 1967）。2000 年代には HY 村の人々のなかで、とくに 20 ～ 30 代の若者の多くは都市へ出稼ぎに出ている。彼らはタイ語の読み書きはある程度できるが、その多くはバンコク近くの工場での単純労働者として働いている[5]。また村の集落内には保健所や小学校が建てられ、タイ系民族の人々が診療や教育を行っている。これにともない、近代的な衛生観念がある程度入ってきている。

3 - 5　家畜飼育

HY 村における家畜の飼育状況についてその概要を表 3 - 2 に示した。まず、鶏はほぼすべての世帯が飼うものとなっている。次に豚は 8 割程度の世帯が飼っている。この 2 つが主に飼う家畜といえる。そして牛を飼うのは 2 割程度と、一部の世帯に限られる。表 3 - 2 に示したように牛、豚、鶏ともに世帯単位で行われる小規模な飼育である[6]。HY 村において水田はわずかにあり一部の人々が栽培するが、2000 年代には耕起はすでに耕運機で行われており水牛は飼

表3−2　HY 村における家畜の飼育頭数

家畜の種類	飼育戸数および割合		飼育頭数		
			総数（頭）	一戸あたり	
	（戸）	（%）		平均（頭）	最大（頭）
鶏	76	99	1585	20.6	51
豚	65	84	313	4.1	21
牛	15	20	110	1.4	20
鳩	15	20	107	1.4	20
犬	47	61	82	1.1	5
家鴨	4	5	37	0.5	21

注）豚は 2006 年 10 月、その他の家畜は 2006 年 9 月の頭数を示す。
出所：筆者の現地調査（全戸調査、77 戸）

われていない。また、馬を飼っていたのは 1980 年代頃までで、先にも述べたように、バイク（48 台）と、車（ピックアップ型 12 台）が村内に存在する（2005 年）[7]。第 1 章でも少し述べたように、タイのモンが豚を飼うことは 1930 年代に調査を行った Bernatzik（1947、1970）により記録されていることから、少なくとも 80 年近く彼らの豚飼育は継続していると考えられる。

豚の形質

　HY 村のモンの人々が飼う豚は、体毛の色が黒色で小さく立った耳をもつ、という形態的特徴がある。これらは、「小耳種」と呼ばれる在来の豚に類似している。なお Falvey（1981）は在来豚（native pigs）、黒澤（2005）は小耳種系豚（short-eared pigs）と呼んでいる。本書では「在来品種」と呼ぶことにする。この「在来品種」は、近代的な「改良品種」と比較すると、成体の体格が小型である[8]。加えて、成長の速度が遅い、メスが一度に出産する子豚の数が少ない、といった特徴がある。例えば、近代的な畜産で、改良品種の豚が出産する場合には、1 回の出産で 10 頭ほど生まれるが、HY 村の事例では、1 回の出産で生まれるのはおよそ 7 頭となっている（詳細は第 5 章を参照）。

　いっぽう、タイ北部のナーン県においても、ナーン市近郊農村では比較的近代的な環境で改良品種の豚が飼われている。このような改良品種の豚は、体毛の

写真３－１３　在来品種の豚（HY 村、2006 年 6 月）

写真３－１４　改良品種の豚（HY 村、2006 年 8 月）
注）この豚はナーン市街で購入され、村まで車で運ばれて、婚礼の機会に畜殺された。

色が白色であり、HY 村の人々が飼う在来の豚と比較して成体の体格も大きい。彼らもこの改良品種の存在は認知しており、街で購入してきて利用することがある。この利用の詳細については後述するが、彼らが自ら飼うのは先に述べた黒色の豚であり、モン語で彼らはブアドゥ（npua dub）と呼ぶ（写真 3 − 13）。いっぽう、彼らがブアダゥ（npua dawb）と呼ぶ白色の改良品種の豚は村内で飼われない（写真 3 − 14）。

豚の生活史

　ここで豚の生活史について簡単に述べる。『新編畜産大事典』（田先 1996）によると、日本などの近代養豚において改良品種は、およそ生後 3 〜 4 週間で離乳し、生後 6 ヶ月で性成熟し交配可能となり、114 日間程度の妊娠期間を経て、11 頭程度出産（産子数 11）する。いっぽうタイ北部の在来品種は、およそ生後 2 ヶ月程度で離乳し、生後 1 年程度で交配可能となり、7 頭程度出産（産子数 7）する。

　HY 村のモンの人々は、各戸で 0 頭から 21 頭の幅で豚を飼い、1 戸あたり約 4.1 頭、1 人あたり約 0.5 頭を飼っている（2006 年 10 月）。

　以上、本章では次の第 4 章から詳述する、モンの人々が豚を飼う営みのミクロな状況を理解する前提となる材料を提供するため、人々の暮らしと生業文化について、タイ北部ナーン県 HY 村の事例からその概要を述べた。

注

1） 図 3 − 3 は HY 村周辺における月別の年間雨量を示す。HY 村から南へ約 20km に位置する PPT 村において 2004 年 8 月から 2005 年 8 月まで計測された値を示している。4 月から 9 月にかけて雨量が多く、4 月、6 月、7 月および 9 月においては、200mm を超えている。年間では 1387mm の雨量となっている。そして、図 3 − 4 は HY 村における 2005 年 8 月から 2006 年 9 月までの 13 ヶ月間の気温の変化（摂氏）を示す。温度データロガー（TR-71U、T&D 社製）を下宿先の日陰の柱に設置し計測を行った。11 月〜 1 月にかけては、気温が低くなり 15 度を下回る日もみられ、最低では 10 度に近い。また 2 月〜 3 月にかけて気温が高くなり 35 度を超える日もみられ、最高では 37 度近い。これら以外の 4 月〜 10 月は、およそ 20 度から 30 度前後で推移している。例外として 2006 年 5 月末に多少一時期気温が低く、20 度を下回っている。

2) 本書で扱う祖先祭祀とは、自らの祖先を崇拝の対象とした儀礼のことを指す。祖先を祖霊とみなす、広い意味での精霊信仰（アニミズム）の一形態である。一般に、宗教的職能者の導きにより祖霊と交信して宣託を得たりする。例えばタイの山地に暮らすモンの場合、家族の安寧や豊穣を願い、年に一度各世帯で執り行う。

3) HY 村においてキリスト教信徒の集団は、大きく分けて 2 つ存在する。

4) モンの正月の祝いは、12 月の新月の日から行われる（Geddes 1976:77）。2000 年代以降の HY 村においても同様で、2005 年は 12 月 2 日から 1 週間程度、2006 年は 12 月 19 日から 24 日にかけて 6 日間行われた。田畑・金丸（1989:137）によると中国のミャオは漢民族の正月（春節）に加えて、稲の収穫後の「苗年」を祝う。これがモンの正月に相当する。「苗年」は、地域による収穫時期の差異から、平地で早く山地で遅く、およそ 9 ～ 10 月であるという。

5) 短期の工場労働者として働く若者の中には、作物の植え付けや収穫時に一時帰村して農作業を手伝い、正月を村で過ごしたら再び出稼ぎに出るといった者もいる。HY 村の人々は、かつてケシを栽培していた頃の方が相対的な現金収入は多かったという。ケシ栽培を禁止されて、トウモロコシの栽培と出稼ぎで稼ぐようになった現在は、子供の教育費と多少の消費財での支出で現金収入の大半を使い切っている。

6) 本書では、世帯あたりの家畜の飼育頭数が、数頭程度（鶏の場合は 10 数羽程度）と小規模であるさまを想定している。家畜飼育が生業の中心となる牧畜民と異なり、農村に生活する農耕民が自給目的で家畜を飼う場合、その規模は一般に小規模となる。

7) HY 村は、タイ北部の中でも東側で、ラオスと国境を接するナーン県に位置する。いっぽうタイ北部の中でも、チェンマイより西側に位置するメーホンソン県のカレンの事例から、1960 年代の調査に基づく飯島（1971）や、1970 年代の調査に基づく Nakano（1980）は、家畜として象が飼われていたことを記している。当時も象は運搬などに有用であるだけでなく財として非常に高価であり、所有は世帯のレベルではなく親族などの集団の単位であったという（飯島 1971:86）。HY 村やその周辺のモンが象を所有した事例は確認していないが、現在は車が象に近い価値と機能を有している。

8) 本書では、「改良品種」は伝統的に栽培・飼育されてきた「在来品種」と対になる概念と考える。限定された育種目標に向かって改良が進められて、作り出された品種を指す。一般に近代社会が要求する生産性や品質の高さを備える。

第4章
豚を飼う

ここではモンの人々が豚を飼う際に用いている技術に関する事柄を述べる。まず、豚を飼う環境について、豚舎の状況、豚の生活、および管理の概要を述べる。そして次に、人々が豚を飼う過程で、最も労力と時間をかけて毎日行っている、餌の管理について述べる。その際にはとくに、飼育者の給与した餌の種類とその量の季節差異について、また主な餌として焼畑地周辺で採取されているバナナ葉・茎（植物体）の採取活動について述べる。

4-1 飼育環境

豚舎の状況

豚は HY 村内の各戸の飼育者により個別に飼われ、豚舎として「小屋」（写真4-1）や「囲い」（写真4-2）が利用されている。このような豚舎は、木や竹を用いて作られ、「小屋」は屋根と約 $1m^2$ の床から成り、「囲い」は 3～5m 四方程度の柵から成る。「小屋」には通常、1頭ずつの豚が入れられ、子豚の場合は数頭が同じ所に入れられる。そして「囲い」には数頭の豚が入れられ、群れて生活する。また「小屋」の場合、豚は板の上で生活するが、「囲い」の場合は土の上で生活する点が異なる。

このように、豚は基本的に豚舎内で飼われるが、生後3ヶ月程度までの子豚は「小屋」や「囲い」の隙間から出入りが容易に可能であり、集落内を歩くようすが頻繁に観察される。また成豚についても、自ら豚舎から出て村内を歩くようすが散見される（写真4-3）。このように、HY 村内では豚舎はそれぞれの豚に存在するが、常に豚舎にいるわけではなく、「ゆるやかな舎飼い（semi-

写真4－1　HY村における豚舎：「小屋」型（2005年6月）

写真4－2　HY村における豚舎：「囲い」型（2005年6月）

写真4－3　集落内を歩き回る豚の母子のようす（HY村、2006年6月）

confined)」と呼べるような方法により飼われている。

　図4－1に示したように、調査対象とした17戸の豚舎は9戸が「小屋」、6戸が「囲い」で、2戸は豚舎を持たない。豚舎を持たない2戸は、調査期間中に豚を飼うことはなかった。その詳細は第5章で述べる。飼育場所は集落内（65戸中61戸）が主であるが、畑地における出作り小屋付近（65戸中4戸）でも飼われている。集落内の豚舎は「小屋」と「囲い」の両方がみられるが、出作り小屋付近の豚舎はいずれも「囲い」となっている。なお、調査対象とした17戸はいずれも集落内で豚を飼っている。

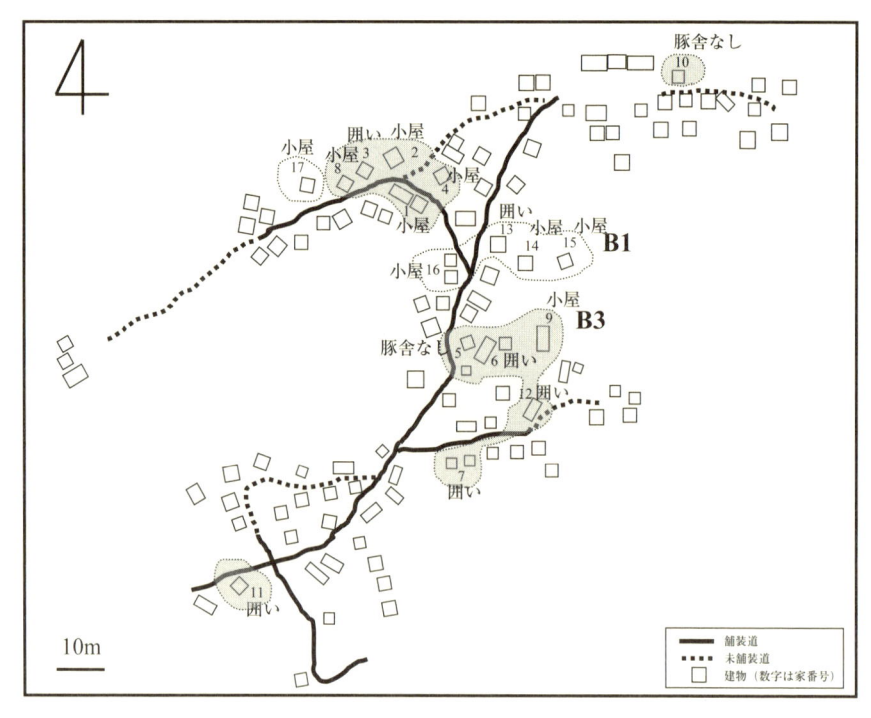

図4-1　HY村の集落内における各戸の豚舎の形態
注)「小屋」と「囲い」の分類については本文を参照。
出所：筆者による現地調査（2006年9月）

豚の生活と豚管理の概要

　HY村の人々が飼う豚は、餌（飼料）をおよそ一日に朝と夕方の2回、飼育者により給与される（写真4-4）。豚の餌には自給的な材料が用いられ、購入された配合飼料の利用は、観察していない[1]。HY村の人々が改良品種を飼う状況はなく、人々の多くは改良品種には配合飼料を給与する必要があると考えている。豚は、餌の摂取時以外は基本的に休息している。

　飼育者は畑地周辺で採取してくる緑餌や、トウモロコシ種子や米ぬかなどの農耕産物、食事の余剰物などを与える。このような餌の採取と給与の状況については、次節で詳細を述べる。餌の容器は、木をくりぬいた容器や半分に切った古タイヤなどが利用される。飼育者は餌の給与時に、通常20分程度かけて各

材料を切り刻み調整する（写真 4 − 5）。その後、飼育者は調整した餌に水分を加えて混ぜ、ひしゃくを使って餌容器へ餌を給与する。

写真 4 − 4　餌を食べる豚のようす（HY 村、2006 年 9 月）
注）バナナ葉・茎が主な餌の材料。

写真 4 − 5　豚餌を調整するようす（HY 村、2007 年 1 月）
注）バナナ葉・茎を刃物で刻む。

「小屋」で飼われる豚は飼育者が一日中家にいる雨の日などに、家の庭において泥あび（体を冷却するために、豚が好んで泥の中でぬたうつ動作）を行う。その際には後ろ足にヒモをつけて、もう片方は適当な木に結びつけられている場合が多い。いっぽう「囲い」で飼われる豚は、3〜5m 四方程度の柵で囲まれた範囲であるが、土の上で自由に動き回ることができるため、泥あびは常に行うことができる。豚の糞尿は垂れ流しの状態であり、耕地の肥料として利用されている例はみられない。水を使った餌容器と小屋の床の掃除が、餌を与える時などに行われる。

　生殖管理の詳細は、第 5 章において豚を「維持する」こととの関わりで述べる。ここではまず、その概要を述べる。雄子の去勢（モン語でシャー（sam））は生後 1 ヶ月程度をめどに行われ、一部の雄子は去勢されずに繁殖雄（モン語でタウンブア（tawnpua））として飼われる。人々は、雄と雌ともに豚は生後約 1 年程度で交配（モン語でチョー（tshov））が可能になると考えており、雌の場合、交配が未だ不可能な豚はガオブア（nkauj npua）と呼ばれ、交配可能となるとマオブア（maum npua）と呼ばれ、それぞれモン語での呼称が異なる。また去勢雄はクアンブア（quab npua）、大きなサイズの去勢雄はラーブア（las npua）と呼ばれ、およそ 1 歳を目処に分類して認識されている。

　また人々が村内あるいは村外と取引する豚は主に子豚で、生後 6 ヶ月程度の子豚の価格は 2006 年に約 500 バーツ（約 1500 円）である。豚の取引利用についての詳細は第 6 章で述べる。

4 - 2　餌の給与

　HY 村のモンの人々は豚の餌を自給的に確保している。そして、街で販売している近代的な畜産用に配合された餌を豚に与えることは、基本的にはない。

　先に、人々は畑地周辺で採取してくる緑餌や、トウモロコシ種子や米ぬかなどの農耕産物、食事の余剰物などを与える、と述べた。表 4 - 1 は、同じ日の豚餌について 4 世帯（S、T、U、V）の状況を比較したものである。雨季と乾季の状況をあわせて比較しているが、雨季と乾季ともにバナナの葉が共通して与えられていること、また乾季にはトウモロコシ種子が共通していることが読み

表4－1　豚餌の組み合わせ事例

番号	植物名	部位	学名	各戸で与えられた餌の組み合わせ 雨季（2006年9月）				乾季（2007年1月）			
				S	T	U	V	S	T	U	V
1	アマランサス	葉・茎	*Amaranthus mangostanus*	○							
2	バナナ	葉	*Musa sp.*	○	○		○	○	○	○	○
3	バナナ	茎	*Musa sp.*					○	○		○
4	キャッサバ	根	*Manihot esculenta*	○				○			
5	クズ	葉・茎	*Pueraria lobata*	○			○				
6	トウモロコシ	種子	*Zea mays*					○	○	○	
7	イネ	種子	*Oriza sativa*		○	○					○
8	イネ	米ぬか	*Oriza sativa*	○				○			

注1）調査は 2006 年 9 月 11 日（雨季）および 2007 年 1 月 3 日（乾季）の早朝に行った。
注2）印（○）は与えられたことを示す。
出所：筆者の現地調査（HY 村）

取れる。トウモロコシの収穫は 10 月頃にはじまり、2 月頃まで続く。このトウモロコシは販売して換金することを主な目的として栽培されているものであるが、すべてを販売せずに一部を残しておいて豚の餌に利用することが、広く行われていた。

　表4－2は HY 村のある 1 つの世帯（世帯 S：家番号 4）において、雨季（2006年 9 月）と乾季（2006 年 12 月〜 2007 年 1 月）のそれぞれ 10 日間に与えられた豚の餌を示している。彼らが豚に与える餌は主にバナナの葉と茎といった植物類である。彼らはほぼ毎日畑へ仕事に出かけて、豚に与えるこれらの餌を採ってくる。そこでは、クズ、ベニバナボロギクといった、豚が食べるその他の野生植物もあわせて採るが（表4－2）、彼らはなによりバナナの葉・茎を利用している（バナナの葉・茎は、雨季と乾季ともに餌の新鮮重の約 4 割を占めた）。このような豚の餌にバナナの葉・茎を利用することは、モンの人々のほか、タイ北部の山地に暮らす人々に広くみられる傾向と考えられる（例えば Falvey 1981）。彼らが豚に餌として与える栽培植物由来のものは米ぬかやトウモロコシが主であるが、このほかにもキュウリ、キャッサバ、パパイヤ、カボチャ、ダイコンなどが与えられ、これらは人の食べ残し、あるいは人が食べない小さなサイズのものである。

表4－2 世帯Sにおいて雨季と乾季の10日間に与えられた豚餌の事例

番号	植物名	学名	部位	餌の由来 栽 野	雨季の餌 重量(kg)	割合(%)	給与回数(n=21)	乾季の餌 重量(kg)	割合(%)	給与回数(n=23)
1	アマランサス	*Amaranthus mangostanus*	葉・茎	○	0.4	1	4			
2	バナナ	*Musa sp.*	葉	○ ○	15.4	38	14	14.4	15	14
3	バナナ	*Musa sp.*	茎	○ ○				21.0	22	15
4	キャッサバ	*Manihot esculenta*	根	○	8.4	21	4	9.9	11	9
5	キュウリ	*Cucumis sativus*	果実皮	○	1.6	4	5	0.1	0	1
6	クワ科植物	*Ficus sp.*	葉・茎	○	0.3	1	3	0.6	1	2
7	ベニバナボロギク	*Crassocephalum crepidioides*	葉・茎	○	4.4	11	6	0.3	0	2
8	クズ	*Pueraria lobata*	葉・茎	○	3.4	8	10	0.2	0	1
9	トウモロコシ	*Zea mays*	種子	○	2.5	6	5	12.1	13	18
10	パパイヤ	*Carica papaya*	果実	○				5.7	6	5
11	カボチャ	*Cucurbita moschata*	葉・茎	○	0.8	2	2			
12	カボチャ	*Cucurbita moschata*	果実	○				5.1	5	5
13	ダイコン	*Raphanus sativus*	葉	○				4.1	4	4
14	ダイコン	*Raphanus sativus*	根	○				13.9	15	12
15	イネ	*Oriza sativa*	種子	○	0	0	2			
16	イネ	*Oriza sativa*	米ぬか	○				6.1	7	12
17	ヘビウリ	*Trichosanthes cucumerina*	果実	○	0.2	0	1			
18	ギンネム	*Leucaena leucocephala*	葉	○	2.8	7	4			
合計					40.2	100		93.5	100	
	添加水分		米汁		20.9		10	56.2		11
	添加水分		水		8.2		4	49.2		20
餌と添加水分の合計					69.3			198.9		

注1) 調査はHY村内の世帯Sについて、雨季（2006年9月10日〜19日）、乾季（2006年12月28日〜2007年1月6日）に行った。

注2) 雨季調査時にはメス2頭（ブタX：約2歳6ヶ月、ブタY：約1歳）、乾季調査時にはメス3頭（ブタX：約2歳9ヶ月、ブタY：約1歳3ヶ月、ブタZ：約6ヶ月）を飼育していた。

注3) 餌重量の計量にあたり秤はテープアノイ社製の台秤（20kgまで計量可能、精度は100g単位）を使用した。

注4) 餌の分類として、「栽」は栽培植物（播種もしくは移植された植物由来）を、「野」は野生植物（播種または移植をともなわない植物由来）を示す。

注5) イネの種子はわずかに与えられたが、秤での計測は不可能だった。

注6) 米汁は米炊飯時の余汁を示す。

出所：筆者の現地調査（HY村）

　また、餌に含まれる水分に注目すると、次のことがわかる。世帯Sでは各材料を調整後、10日間の合計で、雨季には水8.2kgと米炊飯時の余汁20.9kgが、乾季には水49.2kgと米炊飯時の余汁56.2kgが飼料に加えられた。そして、餌の総重量と調整後加えられた水分の合計は、雨季69.3kg（6.9kg/日、3.3kg/回）、乾季198.9kg（19.9kg/日、8.6kg/回）であり、乾季には雨季と比較して、大幅に水分量の多い餌が与えられていることがわかる。

　栽培植物は雨季餌の34%、乾季餌の61%を占め、そして野生植物（豚餌としてのみ利用される）は雨季餌の66%、乾季餌の39%を占めていた。本書では、栽培植物と野生植物を次のように定義する。栽培植物は栽培者が利用を目的として播種もしくは移植したもの、野生植物は人の手により播種や移植されていないものを示す、とする。のちほど詳細を述べるが、世帯Sが採取したバナナの葉と茎は野生のバナナ樹に多くが由来していたため、本書ではバナナの葉と茎を野生植物として取り扱う。

　次に、人々の1日の生活と、その中で彼らが豚に餌を与えるようすを素描する（図4－2）。HY村の人々はほぼ毎日、タケカゴを背負って畑へ仕事に出かける。タケカゴの中には、ペットボトルに入れた水、そして朝に炊いたごはんの

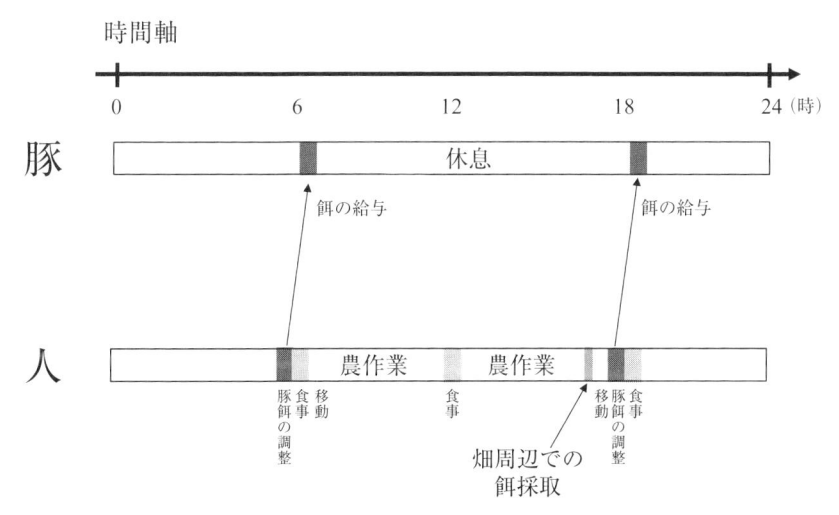

図4－2　豚の餌給与に関わる人間の活動模式図
出所：筆者作成

残りが昼食用として入れられている。畑仕事がおわり、夕方帰る頃になると、彼らは豚の餌になる植物類を採り始める。バナナは畑の中や周辺に点在しているが、このようなバナナは果実の食用に植えられたものであり、豚餌用には、その葉の一部を採るにとどまる。いっぽう、畑の周辺でも小川の近くには野生のバナナが茂っている。このような野生のバナナは、豚餌用としては十分潤沢にあり、自由に採取できる（写真4-6）。この野生のバナナの場合は根元から切り倒して、茎の部分も利用する。このようにして採ったバナナの茎・葉、その他の植物類をタケカゴいっぱいに入れて、人々は家路につく。この重いタケカゴを担いで、集落までの坂道を歩いて帰る作業は重労働である（写真4-7、写真4-8）。

写真4-6　豚餌に利用するバナナ茎を採取するようす
（HY村、2007年1月）

写真4－7　採取したバナナの葉・茎をカゴに背負い家に持ち帰るようす（HY村、2006年6月）

写真4－8　家に持ち帰り、土間の床に置かれたバナナの葉・茎のようす（HY村、2007年1月）

彼らは家に帰ると夕食の準備にとりかかるが、あわせて、採ってきた豚餌用の植物類をナタで刻んでゆく。1頭の母豚と数頭の子豚といった規模の餌の場合、刻むのに20分程度の時間を要する。刻んだ植物類をバケツに入れたあと、家に蓄えてある米ぬかやトウモロコシを加え、さらに夕食の炊飯で出た余汁を加えて混ぜる。こうして、ようやく豚に餌を与える（図4 - 2）。このような豚餌の調整作業は、翌朝も同様に行われる。すると、前日採ってきた豚餌用の植物類はわずかとなり、その日に畑に行った帰りに、再び植物類を採ってくる必要がある。

　豚の餌には、バナナの葉・茎を中心とした植物類のほかに、米ぬかやトウモロコシなどの穀物類を利用している（表4 - 2）。トウモロコシは現在は換金用のトウモロコシが流用され、与える前に大なべで煮込んで与える世帯もある。穀物類は収穫して家屋内に蓄えてあるものを利用すればよい。しかし、豚餌のための植物類、とくにバナナの葉・茎を毎日畑にとりにゆかねばならない、と彼らは考えている。

餌材料の組み合わせ

　次に、毎日与える餌について、与える際の材料の組み合わせ状況について述べる。1回に給与される餌は、さまざまな種類の材料から成り立っている。このような、各給与機会における材料の組み合わせについて、世帯S（家番号4）の雨季と乾季それぞれ10日間の調査の結果は、次のとおりであった。

　まず、雨季の状況（2006年9月）を表4 - 3に示した。これからはまず、雨季にバナナの葉が頻繁に与えられていることがわかる。また、キャッサバは畑から採取されてきた折に4回連続して与えられ、使い切るとその後は与えられないなど、一定の偏りを含んでいることなどがわかる。そしてクズやベニバナボロギクといった野生植物の葉と茎も数回連続して与えられるなど、雨季の餌としてかなりの頻度で与えられている。

　餌の材料の組み合わせの多様性をみると、合計21回の餌給与機会において、18パターンの組み合わせを含み、かなり多様性は高い状況にある。また1回の餌の材料は最大で5種類を組み合わせており、平均で3種類程度であった。

表4－3　世帯Ｓにおける給与機会毎の豚餌組み合わせ事例：雨季

各給与機会における豚餌の組み合わせ

番号	植物名	部位	学名	10	10	11	11	11	12	12	13	13	14	14	14	15	15	16	17	17	18	18	19	19	平均
			時	6	18	7	17	18	8	18	6	17	6	13	18	6	19	6	6	18	6	17	6	17	
			分	10	10	10	0	30	10	30	10	40	40	0	10	5	30	10	10	10	10	35	15	10	
1	アマランサス	葉・茎	*Amaranthus mangostanus*			○								○	○									○	
2	バナナ	葉	*Musa sp.*		○	○	○	○		○		○	○	○	○	○	○					○	○	○	
3	バナナ	茎	*Musa sp.*																						
4	キャッサバ	根	*Manihot esculenta*	○	○	○	○																		
5	キュウリ	果実皮	*Cucumis sativus*								○		○						○	○	○				
6	クワ科植物	葉・茎	*Ficus sp.*																			○	○	○	
7	ベニバナボロギク	葉・茎	*Crassocephalum crepidioides*														○	○		○		○	○	○	
8	クズ	葉・茎	*Pueraria lobata*			○					○	○	○	○	○	○						○	○	○	
9	トウモロコシ	種子	*Zea mays*						○	○								○	○		○				
10	パパイヤ	果実	*Carica papaya*																						
11	カボチャ	葉・茎	*Cucurbita moschata*																○		○				
12	カボチャ	果実	*Cucurbita moschata*																						
13	ダイコン	葉	*Raphanus sativus*																						
14	ダイコン	根	*Raphanus sativus*																						
15	イネ	種子	*Oriza sativa*																	○			○		
16	イネ	米ぬか	*Oriza sativa*																						
17	ヘビウリ	果実	*Trichosanthes cucumerina*																			○			
18	ギンネム	葉	*Leucaena leucocephala*									○	○	○											
餌種類数				1	2	4	2	1	1	2	1	3	4	4	3	2	2	2	4	3	4	5	5	5	2.9
餌組み合わせ番号				1	2	3	4	5	5	6	7	8	9	9	10	10	11	11	12	13	14	15	16	17	18

注1) 印（○）は与えられたことを示す。
注2) 餌の異なる組み合わせにそれぞれ番号を付した。すなわち同一番号は同じ組み合わせを示す。
出所：筆者の現地調査（HY村、2006年9月）

乾季の状況（2006年12月〜2007年1月）を表4－4に示した。乾季にはバナナの葉に加えて、茎も頻繁に与えられていることがわかる。そしてトウモロコシ種子も高い頻度で与えられている。次いで、キャッサバ、ダイコン、米ぬかも与えられ、雨季と比較して野生植物が少なくなり、栽培植物由来の材料が高い頻度で与えられている。

　餌の材料の組み合わせの多様性をみると、合計23回の餌給与機会において、19パターンの組み合わせを含み、雨季同様に多様性は高い状況にある。また1回の餌の材料は最大で9種類を組み合わせており、平均で4種類程度であった。乾季には雨季と比較して、栽培植物を中心に、より多くの種類の材料を組み合わせた餌が与えられている。

　ある材料の給与の連続性に注目すると、雨季においては約80％（12種類のうちの9種類）の種類の材料が、乾季においては約50％（13種類のうちの7種類）の種類の材料が4回以上連続して給与されることはなかった。このことは、1つひとつの材料は数回での使い切りが想定されており、絶やさず毎回のように連続して与える材料は、バナナの葉や茎、あるいはトウモロコシ種子など、一部であることを示している。

　このように、各給与機会における材料の組み合わせをみることで、材料の種類ごとに給与される頻度は異なり、豚の餌は、多様な種類の材料のほぼ毎回異なる組み合わせにより成立していることが理解できる。

　この雨季と乾季で豚餌の材料が異なる背景には、次のような仕組みがある。まず、雨季には、青々とした植物の葉が潤沢にあるが、乾季にはそれが少なくなること。いっぽう、乾季には収穫を終えたトウモロコシが潤沢にあること。このように、彼らが豚に与える自給的な餌の内容は、気候と農耕の年周期と関係した変化を含んでいる。

4－3　餌の採集：とくにバナナ植物体について

　人々が豚に与える餌は野生植物と栽培植物から成るが、先にも述べたようにバナナの葉・茎については野生と栽培の両方が利用される。例えば表4－2で示した事例においては野生のバナナ由来のものが新鮮重で約8割を占めていた。

表4−4　世帯Sにおける給与機会毎の豚餌組み合わせ事例：乾季

番号	植物名	部位	学名	日付28 時6 分40	28 15 20	29 6 55	29 17 20	30 6 50	30 17 40	31 7 40	31 17 45	1 6 35	1 18 15	2 6 25	2 12 0	2 17 35	2 18 0	3 6 55	3 13 0	3 17 25	4 6 40	4 17 15	5 6 55	5 18 40	6 6 40	6 16 40	平均
1	アマランサス	葉・茎	*Amaranthus mangostanus*																								
2	バナナ	葉	*Musa sp.*			○	○			○	○	○	○			○	○		○	○	○	○	○	○	○	○	
3	バナナ	茎	*Musa sp.*					○	○	○	○	○				○	○		○	○	○	○	○		○		
4	キャッサバ	根	*Manihot esculenta*											○	○	○	○	○						○	○	○	
5	キュウリ	果実皮	*Cucumis sativus*																				○				
6	クワ科植物	葉・茎	*Ficus sp.*								○	○															
7	ベニバナボロギク	葉・茎	*Crassocephalum crepidioides*				○													○							
8	クズ	葉・茎	*Pueraria lobata*																					○			
9	トウモロコシ	種子	*Zea mays*	○	○		○		○	○	○	○	○	○	○	○	○	○		○		○	○	○	○	○	
10	パパイヤ	果実	*Carica papaya*					○	○	○						○				○							
11	カボチャ	葉・茎	*Cucurbita moschata*																								
12	カボチャ	果実	*Cucurbita moschata*	○				○	○	○	○																
13	ダイコン	葉	*Raphanus sativus*	○	○				○													○					
14	ダイコン	根	*Raphanus sativus*	○	○						○	○	○	○	○								○	○	○		
15	イネ	種子	*Oriza sativa*																								
16	イネ	米ぬか	*Oriza sativa*				○							○			○	○	○		○	○	○	○	○	○	
17	ヘビウリ	果実	*Trichosanthes cucumerina*																								
18	ギンネム	葉	*Leucaena leucocephala*																								
餌種類数				4	3	2	5	4	5	5	5	5	4	2	3	6	5	3	5	3	5	9	6	4	2	4.3
餌組み合わせ番号				1	2	3	4	5	6	7	7	8	9	10	11	12	13	14	13	15	8	16	17	18	19	

注1) 印（○）は与えられたことを示す。
注2) 餌の異なる組み合わせにそれぞれ番号を付した。すなわち同一番号は同じ組み合わせを示す。
出所：筆者の現地調査（HY村、2006年12月と2007年1月）

第4章　豚を飼う

本書での呼称	植物学的部位名	モン語名称	栽培バナナ 豚 餌	栽培バナナ 人 食用	野生バナナ 豚 餌	野生バナナ 人 食用
茎	葉鞘	カチャウ	kav tsawb	○	×	○	×
成熟葉（展開済み）	葉身	ブロンチャウ	nplooj tsawb	△	×	△	×
若葉（未展開）	葉身	ジュワチャウ	ntsuag tsawb	○	×	○	×
吸芽	吸芽	ジュワチャウ	ntsuag tsawb	○	×	○	×
果実	雌花序	チチャウ	txiv tsawb	□	○	×	×
花芽	雄花序	チョコウ	tsawb qaus	□	○	×	×

注1）印（○）は利用事例を確認したことを、印（×）は利用事例を確認していないことを示す。
注2）印（△）は十分成熟し黄色く枯れかけた葉はあまり利用しないことを示す。
注3）印（□）は人による食用後の屑（果実の皮など）が豚に与えられる事例を示す。
出所：筆者の現地調査（HY 村）

　表4－5は野生および栽培バナナ樹の部位別利用形態を示している。なお、本書での、野生バナナと栽培バナナの分類は人々の判断に拠っている（モン語で野生バナナはチョウテェ（tsawb teb）、栽培バナナはチョウ（tsawb）と呼ばれ区別される）。豚餌として利用されている、バナナの「茎」は植物学的にはいわゆる「偽茎」と呼ばれる部位であり、本書では「茎」と述べることにする。

　人々はバナナの葉について、豚は未展開の若葉は好むが、展開済みの成熟葉好まないと考えている。それは、「豚は青い葉を好んで食べる。黄色くなった（枯れた）葉はおいしくないから」といった言説であらわされたりする。そのため、バナナの葉についても、成熟葉よりは若葉や吸芽を選んで与えている。いっぽう人々が食用とするのは、栽培バナナの果実と花芽であり、これはタイ系民族を含めて、タイの一般的な食文化の範疇である。

　以下に、世帯S（家番号4）の事例から、豚餌に利用するバナナ植物体の採集活動を述べる。図4－3は世帯Sの畑およびその周辺におけるバナナ樹の分布を示している（写真4－9）。

　図4－3では、野生バナナの分布域をA～Eで、栽培バナナの分布域をX～Zで示している。野生バナナは河川沿い（A、C、DおよびE）と水田近く（B）に分布していた。そして栽培バナナはトウモロコシ畑内（XとY）、水田近く（W）、道路沿い（Z）に分布していた。5つの野生バナナ分布域のうち、4つは河川沿

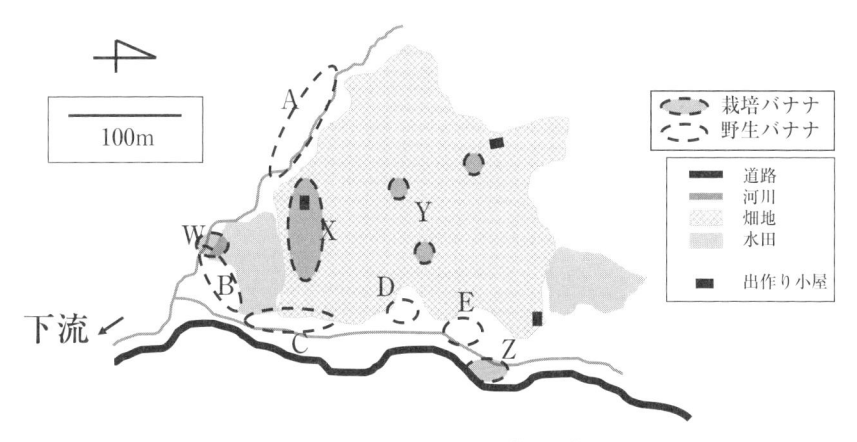

図4－3　世帯Sの畑およびその周辺におけるバナナ樹の分布
出所：筆者の現地調査

いであり、1つは水田近くで、4つの栽培バナナ分布域のうち、2つは畑内、1つは道路沿い、1つは水田近くであり、水田近くの分布域で共通していたほかは、異なっていた。

写真4－9　世帯Sの畑のようす（HY村、2006年8月）

上記のように、バナナ樹は野生と栽培のバナナで分布域が異なっていた。次にこのようなバナナ樹の利用状況を把握するために、世帯Sの畑周辺に分布するバナナ樹（根元直径10cm以上のバナナ樹）の本数の変化を調査した。

　表4－6は図4－3に示した野生バナナ（A、B、C、DおよびE）の5つおよび栽培バナナ（W、X、YおよびZ）の4つの分布域におけるバナナ樹の本数の推移を示している。野生5つと栽培4つの分布域の合計バナナ樹数は6月、10月そして翌1月にそれぞれ85、96そして122本と増加していた。いっぽう、野生と栽培のそれぞれの分布域をみると、栽培バナナについては、4つの分布域ともに一定もしくは増加していたが、野生バナナについては5つの分布域のうち、6～10月は1つの分布域で、10月～1月は3つの分布域で減少していた。このような野生バナナの減少はいずれも河川沿いの分布域でみられた。

　以上のように、バナナ採集地におけるバナナ樹の分布域は、野生バナナと栽培バナナで異なり、それぞれの樹数の変化をみると、畑近くの河川沿いに分布する野生バナナが10月～1月の乾季に減少していた。

　世帯Sのバナナ植物体の採集地である畑は、HY村集落から徒歩で約20分に位置している。このバナナ植物体の採集地における採集活動は、次に示すように農作業の副次的作業として行われた。

表4－6　世帯Sのバナナ採集地におけるバナナ樹の本数の推移

バナナの種類	場所記号	場所の特徴	バナナ樹の本数		
			2006年6月24日	2006年10月17日	2007年1月3日
野生	A	河川沿い	22	21	25
	B	水田周辺	9	12	17
	C	河川沿い	13	14	8
	D	河川沿い	3	4	2
	E	河川沿い	6	6	3
栽培	W	水田周辺	3	3	6
	X	トウモロコシ畑地（出作り小屋付近）	11	13	19
	Y	トウモロコシ畑地	5	5	16
	Z	道路沿い	13	18	26
合計			85	96	122

注）バナナ樹は根元直径が10cm以上のものについて示した。
出所：筆者の現地調査

表4－7　世帯Sの主人によるバナナ植物体の採集事例

時刻	行動
8時30分	草刈り機を背負い家をでる。徒歩で畑へ向かう。
9時00分	畑に到着。X地点の出作り小屋で草刈り機の整備。
10時10分	X地点付近の収穫後の枯れたトウモロコシと雑草を草刈機で刈り取る。
11時40分	X地点の出作り小屋で休息。食事。
13時35分	E地点へゆく。大豆の支棒の修理。トウガラシを収穫。
14時20分	D地点でバナナ茎を1本0.9kg採集。
14時30分	X地点にもどり草刈り機で再び刈り取りをする。
15時50分	草刈り終了。X地点の出作り小屋で休息。
16時10分	畑を出る。徒歩で家に向かう。
16時50分	帰宅。

出所：筆者の現地調査（2007年1月6日）

　表4－7はバナナ採集地において乾季に観察した、世帯Sの主人のバナナ採集活動の事例を示す。この日、畑における農作業は、草刈機を利用し、収穫後のトウモロコシ残渣と雑草を刈り取る作業に多くの時間を費やした。豚餌に利用するバナナ植物体の採集は、14時20分に野生バナナの分布域（河川沿いD）で行い、茎部位を0.9kg採集した。

　このように、農作業の副次的作業として行われる豚餌に利用するバナナ植物体の採集は、次に示すように世帯Sの妻を中心として行われた。表4－8は雨季と乾季の、のべ20日間にみられた各採集事例における採集者、採集場所、採集部位を示している。20日間では、のべ16回採集され、うち妻により9回、夫

表4－8　世帯Sによるバナナ植物体の採集活動

日時	2006年9月							2006年12月〜2007年1月								
	10日	10日	12日	15日	16日	17日	18日	28日	29日	31日	31日	1日	2日	3日	4日	6日
	17時	18時	18時	18時	19時	16時	17時	19時	13時	6時	17時	17時	17時	18時	17時	16時
	30分	10分	40分	50分	30分	30分	0分	0分	0分	55分	10分	50分	30分	10分	25分	50分
採集者	長男	妻	妻	妻	妻	長男	妻	夫	妻	妻	妻	三女	妻	夫	長男	夫
採集場所	E・C	他家	B	B	B	B・E	B	B・C	他家	Z	他家	B	B・C	D	X・C	D
採集バナナ種類	野生	不明	野生	野生	野生	野生	野生	野生	不明	栽培	不明	野生	野生	野生	栽培・野生	野生
採集バナナ部位　葉	○	○	○	○	○	○	○	○			○	○	○			
採集バナナ部位　茎									○	○				○	○	○

出所：筆者の現地調査

により3回、長男により3回、三女により1回採集された。また妻の採集した9回のうち3回は、世帯Sの畑ではなく親族（夫の父）の畑において採集された。

　また、次に示すように一日ごとのバナナ植物体の採集重量は一定ではなく、採集しない日もみられた。図4-4は雨季と乾季のそれぞれ10日間、のべ20日間のバナナの採集重量の推移を示しているが、バナナを採集しない日は、雨季は10日中3日、乾季は10日中2日あった。また、バナナ葉の採集は雨季と乾季ともに行われたが、バナナ茎の採集は雨季には行われず、乾季には行われた。

　採集したバナナ植物体は、次に示すように野生バナナの分布域を中心に行われた。そして、重量の割合をみると、約8割を野生バナナが占めていた。図4-5は雨季と乾季のそれぞれ10日間、のべ20日間のバナナ樹分布域別の採集回数を示している。

　野性バナナの分布域においては、Bで8回、Cで4回、Dで2回、Eで2回、Aで0回、栽培バナナの分布域においては、Zで1回、Xで1回の他は、WとYともに0回の採集活動がそれぞれ行われた。

　そして図4-6は雨季と乾季のそれぞれ10日間、のべ20日間のバナナ植物体の採集重量の推移について、野生と栽培バナナ別に示している。のべ20日間に採集されたバナナ植物体は、野生バナナが46kgで76％、栽培バナナが7.5kgで12％、野生もしくは栽培が3.7kgで6％、不明が3.1kgで5％であった。

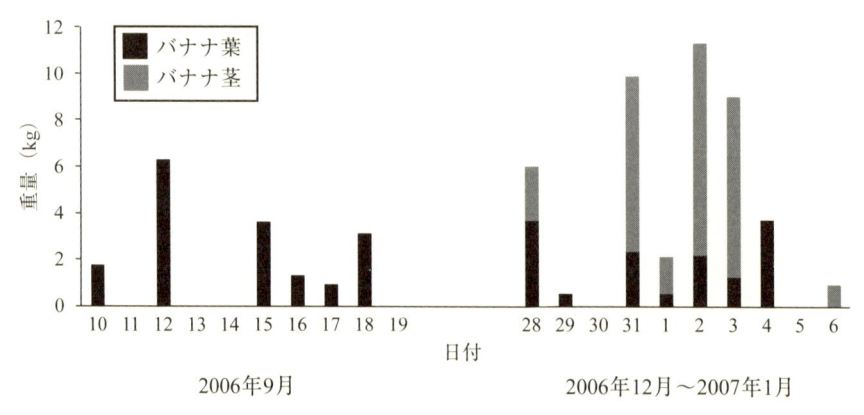

図4-4　世帯Sにおけるバナナ葉および茎の採集重量の推移
出所：筆者の現地調査

図4−5　世帯Sの畑およびその周辺における場所別のバナナ採集回数
出所：筆者の現地調査

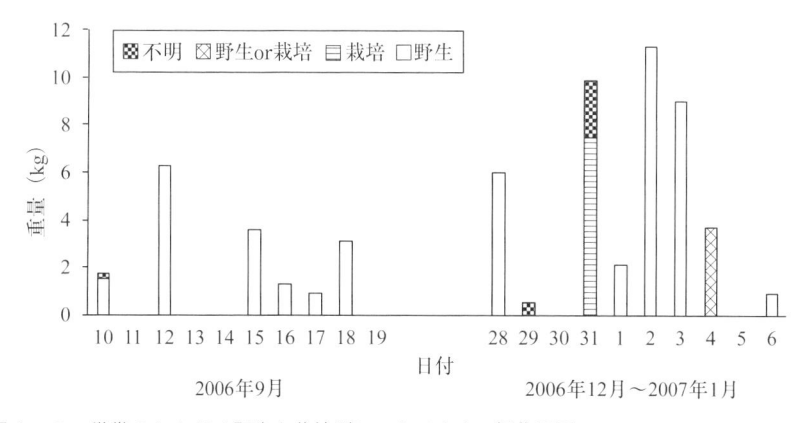

図4−6　世帯Sにおける野生と栽培別にみたバナナの採集重量
出所：筆者の現地調査

　本章では、豚を飼う環境について述べた。HY村の人々は豚を「小屋」や「囲い」で舎飼するが、管理は厳密なものではなく、集落内を自由に歩き回るようすも散見されることから、「ゆるやかな舎飼い（semi-confined）」と呼べる環境で飼われている。

　豚餌について、多くの種類の材料が多様に組み合わされて給与され、また雨季と乾季で材料の種類に季節差異がみられることについて述べた。その中で、

栽培植物だけでなく、豚餌としてのみ利用される野生植物が、餌全体の重量割合において、雨季餌の 66%、乾季餌の 39% を占めており、野生植物の豚餌としての重要性の程度が示された。

　また豚餌としてのみ利用される野生植物のうち、雨期と乾期ともに餌の約 4 割を占めたバナナ植物体（葉・茎）の採集活動について述べた。バナナ植物体の採集地では、畑近くの河川沿いの野生バナナを多く採集し、新鮮重において野生バナナが約 8 割を占めていること、また乾季にバナナ樹を根元から切り、茎部位を採集していることが示された。

注

1) ナーンの街で売られている配合飼料について、HY 村の人々はその存在を認識しているが、これは改良品種の白色の豚に与えるものだと考えている。

第5章
豚を維持する

ここでは、モンの人々が、どのように豚を維持しているのかを述べる。とくに、一定期間における豚の再生産の状況について、出産と生殖管理に関する事柄を中心にして述べる。まず、豚の出産事例から出産頭数について述べ、次に、去勢管理について、出産可能な雌と繁殖雄の割合、雄子の去勢割合と未去勢雄（繁殖雄）の割合を述べる。そのあと、繁殖雄の選択理由およびその所有者の特性を述べる。そして、交配管理について、その管理された人為交配と、管理されていない非人為交配の状況、また交配に利用した繁殖雄の貸し借り関係について述べる。

5−1　出産事例からみた再生産

以下に事例を示すのは、第4章でもとりあげた HY 村の対象集団（17戸、図4−1）の2年間（2005年1月～2006年12月）の豚の再生産の状況である（写真5−1）。雌豚の出産は17戸のうち10戸（家番号2、3、6、7、11、12、13、14、15および16）でみられ、出産がみられなかった7戸のうち5戸（家番号1、4、8、9および17）は肥育のみ行い、2戸（家番号5と10）は豚をまったく飼わなかった。

表5−1に出産事例から、産子数（1回の出産頭数）、出産間隔（同一雌豚の出産間隔）、死亡割合（離乳時までの死亡率）の平均値を示した。1回の出産では、およそ7頭が生まれ、うち1頭は離乳時までに死亡していることがわかる。生まれる子豚の数は最大で12頭、最少で4頭と、ある程度の幅がある。

出産の詳細を世帯別にみると、12頭の雌豚（A～L）が15腹の出産を行い、のべ107頭が生まれている（表5−2）。出産があった10戸では、年間平均5.4

頭／戸の生産となる。

写真5－1　生まれた子豚に授乳するようす（HY 村、2006 年 6 月）

表5－1　豚の再生産状況

指標	平均 ± S.D.	幅		事例数
		最大	最少	(n)
出産時の産子数 (n)	7.1± 2.1	12.0	4.0	15
離乳時の産子数 (n)	6.0± 2.0	10.0	3.0	15
離乳時死亡率 (%)	16.4± 13.2	44.4	0.0	15

注）出産がみられた 10 戸における 2 年間（2005 年 1 月から 2006 年 12 月）の状況を示す。
出所：筆者の現地調査（HY 村）

　出産間隔はどのようだろうか。対象集団からは 3 つの事例が明らかとなっている（表5－3）。3 事例はそれぞれ 8、8 および 19 ヶ月であり、平均値としては11.7 ヶ月を示した。出産時期について特定の時期は確認できず、とくに集中した時期はみられなかった。離乳期までの死亡率は 16%（最小 0%、最大 44%）であり、生まれた子豚のうち 4 割程度が死亡している事例も存在する（表5－2）。

　以上のことから、豚の生産の状況をまとめると、再生産は約 6 割（17 戸中の10 戸）の家において行われ、1 戸あたり年間に約 5.4 頭（約 4.5 頭が離乳時まで生き残る）の生産であった。また、出産時期に特定の集中する時期はなく、出産の間隔は約 12 ヶ月と 1 年に 1 度程度の頻度であることが示された。

表5-2　豚の離乳時の産子数と離乳時死亡率

家番号	雌ID	産子数		死亡率(%)
		出産直後	離乳時	
1	A	6	6	0
	A	8	7	13
2	B	12	10	17
3	C	7	7	0
4	D	9	9	0
5	E	7	7	0
	E	8	7	13
6	F	5	4	20
	G	8	7	13
7	H	9	7	22
8	I	5	4	20
	I	5	4	20
9	J	9	5	44
10	K	4	3	25
	L	5	3	40
合計		107	90	
平均		7.1	6.0	16

注1）雌の名称（AからLまで）は期間中に出産した雌を示す。
注2）出産がみられた10戸における2年間（2005年1月から2006年12月）の状況を示す。
出所：筆者の現地調査（HY村）

表5-3　豚の各出産における産子数と出産間隔

家番号	雌ID	各出産の産子数												出産間隔(月)
		1月	2月	3月	4月	5月	6月	7月	8月	9月	10月	11月	12月	
1	A					7			6					8
2	B					10								
3	C										7			
4	D											9		
5	E				7			7						8
6	F			4										
	G							7						
7	H			7										
8	I	4							4					19
9	J										5			
10	K	3												
	L		3											

注1）出産がみられた10戸における2年間（2005年1月から2006年12月）の状況を示す。
出所：筆者の現地調査（HY村）

5 − 2　去勢管理

　ここでは、豚の生産に伴う生殖の管理のうち、交配に利用する繁殖雄の去勢管理について述べる。まず、対象（17戸、図4 − 1）において飼われていた豚集団内における繁殖雄の割合について述べる。

　図5 − 1は対象とした17戸において、2006年10月に飼われていた70頭の豚集団の齢別頭数を示す。全体の70頭のうち、齢が0〜1歳未満の豚は37頭で全体の53%を占めていた。そしてのこりの47%に相当する33頭のうち、人々が繁殖利用可能と考える1歳以上の雌は20頭（29%）、1歳以上の繁殖雄は2頭（3%）であった。なお、2006年10月の時点で調査村（77戸）には、1歳以上の繁殖雄は、上記の2頭を含めて、のべ9頭いた。

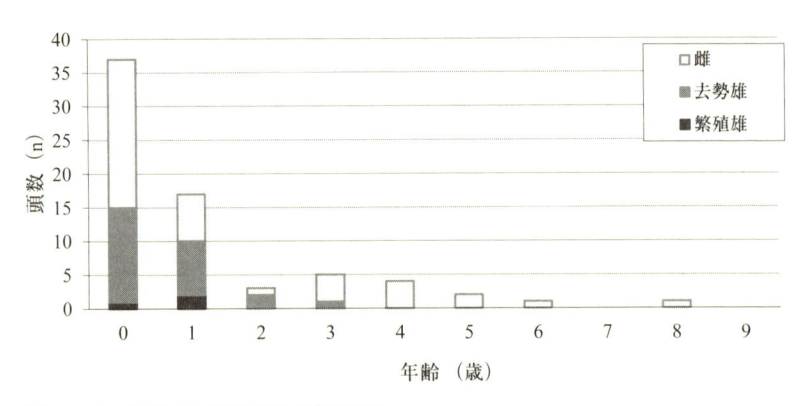

図5 − 1　飼育される豚集団の齢別頭数
出所：筆者の現地調査（HY村、2006年10月）

　なお、HY村の人々は雌が交配可能になると、ガオブア（nkauj npua）からマオブア（maum npua）へと呼称を変える（図5 − 2）。人々は雌と雄（未去勢）はともに、生後1年程度で性成熟し交配可能になると考えている。去勢した雄については、一定の大きさになった段階を区別して呼んでいる。その大きさの基準はあいまいだが、およそ生後1年程度が目安となり、呼称がクアンブア（quab npua）からラーブア（las npua）に変わる。

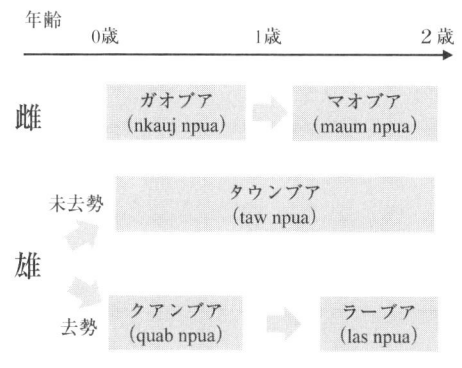

図5-2　豚の成長とモンによる呼称の変化
出所：筆者作成

雄子の去勢割合

　豚集団内でわずかに飼われている繁殖雄は、出産後の雄子（雄の子豚）のうち去勢処理を行わない雄を選択して飼うことで成立している（写真5-2、表5-4）。そこで、豚の出産事例から、その後の去勢処理の状況をみると、表5-5に示したように、15腹の出産事例の中で雄子は46頭であり、このうち5頭は去勢以前に死亡し、39頭が去勢され、2頭が去勢されなかった。このように、去勢処理を行わず、繁殖雄に利用される雄子の割合は生産された豚のうち4％を占めていた。

写真5-2　雄の子豚を去勢するようす（HY村、2007年1月）

101

表5－4　各戸における豚の飼育頭数

家番号	構成員数 (n)	豚の飼育頭数 (n)						合計
		成獣			幼獣			
		繁殖雄	去勢雄	雌	雄	去勢雄	雌	
1	4		1	1				2
2	11		1	2		1	6	10
3	3			2				2
4	10			2				2
5	4							0
6	9			1	1	1	1	4
7	6		1	2		2	2	7
8	9			1			1	2
9	5					1		1
10	4							0
11	7		2	1		3	1	7
12	8	1		3		2	5	11
13	3		3	1				4
14	9	1	1	1		2	2	7
15	5		1	1		1		3
16	7		1	2		1	1	5
17	13						3	3
合計	117	2	11	20	1	14	22	70

注1) 繁殖雄と雌は1歳以上であれば交配可能とHY村の人々は考えている。
注2) 本書では1歳以上の個体を成獣、1歳未満の個体を幼獣と呼称する。
注3) 繁殖雄は去勢されていない個体を示す。
注4) 家番号12の飼育する繁殖雄はイノシシであった。この家では、他者が幼獣で捕えられたイノシシを入手して飼育していた。
注5) 調査時には村に1歳以上の繁殖雄がこの他に7頭存在した。
出所：筆者の現地調査（HY村、2006年10月）

未去勢雄子の選択理由

　上記のように、15腹の出産事例でみられた46頭の雄子の中では、2頭が繁殖雄とされた。この2頭の繁殖雄について、各飼育者の示した繁殖雄として選択した条件は次のとおりだった。

【事例5－1　家番号6】

　2006年1月に生まれた3頭の雄子のうち、約1ヶ月後に2頭を去勢し、1頭を繁殖雄とした。飼育者は繁殖雄の条件として、（1）飼料をよく食べる、（2）

表 5 - 5 豚雄子の去勢状況

事例番号	家番号	出産時期	雌ID	雄子数（n）			
				出産直後	去勢前死亡	去勢	非去勢（繁殖雄）
1	2	2005 年 4 月	A	3		3	
2	2	2006 年 5 月	A	1		1	
3	3	2005 年 6 月	B	5	1	4	
4	6	2005 年 11 月	C	4		3	1
5	7	2005 年 12 月	D	5		5	
6	11	2005 年 7 月	E	3		3	
7	11	2006 年 4 月	E	5		5	
8	12	2005 年 5 月	F	1	1		
9	12	2006 年 8 月	G	2		2	
10	13	2005 年 3 月	H	4	1	3	
11	14	2005 年 1 月	I	3		2	1
12	14	2006 年 9 月	I	2		2	
13	15	2005 年 12 月	J	4	2	2	
14	16	2006 年 1 月	K	2		2	
15	16	2006 年 2 月	L	2		2	
合計				46	5	39	2

注 1） 雌の ID（A から L まで）は期間中に出産した雌を示す。
注 2） 10 戸における 15 回の出産事例（2005 年 1 月から 2006 年 12 月）。
出所：筆者の現地調査

胴が長い、（3）目が大きい、（4）足が太い、（5）耳が立っている、の 5 つを挙げた。飼育者は元村長だった（2006 年 10 月聞き取り）。

【事例 5 - 2 家番号 14】

2005 年 11 月に生まれた 4 頭の雄子のうち、約 1 ヶ月後に 3 頭を去勢し、1 頭を繁殖雄とした。飼育者は繁殖雄の条件として、（1）飼料をよく食べる、（2）胴が長い、（3）目が大きい（眠そうでない）、の 3 つを挙げた。飼育者は宗教的職能者だった（2006 年 10 月聞き取り）。

上の 2 つの事例では、繁殖雄の条件として、（1）飼料をよく食べる、（2）胴が長い、（3）目が大きい、の 3 点が共通していた。（1）は豚の生態的特長、（2）、（3）、（4）、（5）は豚の身体の形態的特長を示している。飼育者の属性は元村長

と宗教的職能者で、村の中で政治的・社会的な役割のある人であったが、これだけで関連を判断するにはサンプル数が少ない。およそ繁殖雄を飼う人は、年少者はめずらしく年長者に多い傾向があり、親族集団のなかで誰か一人は飼っている状況がある。

　人々が飼う豚の集団内で交配利用可能な繁殖雄は約3%（70頭中の2頭）で、去勢管理によって、雄子の約4%（46頭中の2頭）を生態的特長と形態的特長により選択し、繁殖雄豚として飼っていた、とまとめることができる。

5－3　交配管理

　HY村の人々は、豚を「ゆるやかな舎飼い」で飼うために、集落内を繁殖雄が歩きまわるようすが観察される（写真5－3）。このために、飼育者が意図して交配させる以外に、意図しない交配が起こっている。ここでは、飼育者が繁殖雄と雌を同じ豚舎に数日間入れておくことにより、交配させることを人為交配（controlled mating）と呼び、飼育者の行動を介さずに、繁殖雄と雌が交配することを非人為交配（uncontrolled mating）と呼ぶことにする。HY村では、このような豚の交配について、豚の繁殖雄による人為交配と非人為交配、そして雄イノシシによる人為交配を確認した。

写真5－3　集落内を歩き回る繁殖雄のようす（HY村、2007年1月）

　まず、豚の繁殖雄による人為交配について述べる。表 5 − 6 は筆者が観察した、豚の繁殖雄を利用した人為交配の 3 つの事例を示している（写真 5 − 4）。繁殖雄の齢は 11 ヶ月〜約 2 歳、雌の齢は約 1 歳 6 ヶ月〜約 2 歳で、いずれも 2 歳以下同士の交配であった。また交配時に、同豚舎内で飼われる期間は 2 日〜 3 日間であった。2007 年 1 月の調査において、この 3 つの人為交配事例のうち 2 事例で妊娠を確認した。

　次に、豚の繁殖雄による非人為交配について述べる。集落内では、繁殖雄が歩きまわり、発情している雌を探しているようすが観察される（写真 5 − 3）。こ

表 5 − 6　人為による豚の交配観察事例

項目		事例 A	事例 B	事例 C
繁殖雄齢	（月）	20	24	11
雌齢	（月）	24	18	18
交配期間	（日）	2	3	3
交配後の妊娠		×	○	○

注 1）人為による交配は、飼育者の手により繁殖雄を雌の小屋に入れ、交配可能な状態
　　　に数日間置くことを示す。
注 2）印（○）は妊娠したこと、（×）は妊娠しなかったことを示す。
出所：筆者による現地調査（HY 村、2006 年）

写真 5 − 4　交配に利用した繁殖雄を連れ帰る飼育者のようす（HY
村、2006 年 10 月）

のため、次の事例に示される、雌豚の交配対象を飼育者が把握していない、繁殖雄の豚による非人為交配が行われている。

【事例5－3　家番号1】
　飼育者は2006年には、去勢雄1頭と雌1頭の2頭の肥育を行った。2006年12月に2頭のうちの雌1頭を正月の祝いにおいて畜殺した。畜殺後にこの雌豚が子豚5頭を妊娠していたことが判明した。飼育者は、豚が妊娠していることを把握していなかった。人為交配は行っておらず、妊娠していると知っていたら、去勢雄を畜殺したという（2006年12月聞き取り）。

　次に、雄イノシシによる人為交配について述べる。集落内では、雄イノシシを飼う事例が1例のみ確認された（写真5－5）。そして次の事例のような、雄イノシシと自家の雌との人為交配が行われていた。

【事例5－4　家番号12】
　2005年11月にHY村から南へ約4kmに位置するHN村から、イノシシの雄

写真5－5　集落内で飼われる雄イノシシのようす（HY村、2006年9月）
注）右後ろ足にヒモの傷跡がある。

子（齢は生後 6 ヶ月程度）を 300 バーツで入手した。家の豚舎において足にヒモを結びつけて飼われた。自家の雌豚との人為交配から 2006 年 8 月に 8 頭の子豚が生まれた。

　この雄イノシシについては、野生化した豚である可能性もあるが、飼育者は豚（モン語：ブア npua）と異なり、イノシシ（モン語：ブアテェ npua teb）であると認識して飼っていた。

　以上のように、集落内においては雌の交配対象として、豚の繁殖雄による人為交配、豚の繁殖雄による非人為交配および雄イノシシによる人為交配の 3 つが行われていた。

　表 5 - 7 は調査対象とした 15 腹の出産事例における雌の交配対象を示してい

表 5 - 7　出産事例における交配管理状況

交配管理類型	家番号	雌ID	交配管理状況			
			CM		UM	
			豚	イノシシ	豚	イノシシ
CMP	2	A	○			
	2	A	○			
	3	B	○			
	13	H	○			
	15	J	○			
UMP	6	C			○	
	7	D			○	
	11	E			○	
	11	E			○	
	14	I			○	
	14	I			○	
CMP-UMP	16	K			○	
	16	L	○			
CMW-UMP	12	F			○	
	12	G		○		

注 1）雌の ID（A から L まで）は期間中（2005 年 1 月から 2006 年 12 月）に出産した雌を示す。
注 2）CM は人為交配（controlled mating）を示す。人為交配は飼育者が繁殖雄を雌の小屋に入れ、交配可能な状態に数日間置くことを示す。
注 3）UM は非人為交配（uncontrolled mating）を示す。非人為交配は飼育者と関係なく、ある繁殖雄が村内を徘徊する過程で雌と交配することを示す。
出所：筆者の現地調査（HY 村）

る。結果は、各戸で行われた豚の生産において、出産した雌の交配対象に次の、4つのタイプが存在することを示す。すなわち、タイプCMP：繁殖雄豚による人為交配（4戸）、タイプUMP：繁殖雄豚による非人為交配（4戸）、タイプCMP-UMP：繁殖雄豚による人為交配と非人為交配（1戸）、タイプCMW-UMP：繁殖雄豚による人為交配と雄イノシシによる人為交配（1戸）、である。

そして、繁殖雄豚の人為交配では、各戸の繁殖雄豚の利用において、親族間での貸し借り関係と、親族関係によらない集落内での地縁による貸し借り関係がみられた。それぞれ、親族内での繁殖雄の貸し借りは、弟から兄（家番号3から家番号2）、兄から弟（家番号14から家番号16）、息子から父親（家番号14から家番号13）の3例（図5－3）、地縁による繁殖雄の貸し借りは、家番号13から家番号3、家番号14から家番号2、家番号47から家番号15、の3例（図5－3）を確認した。

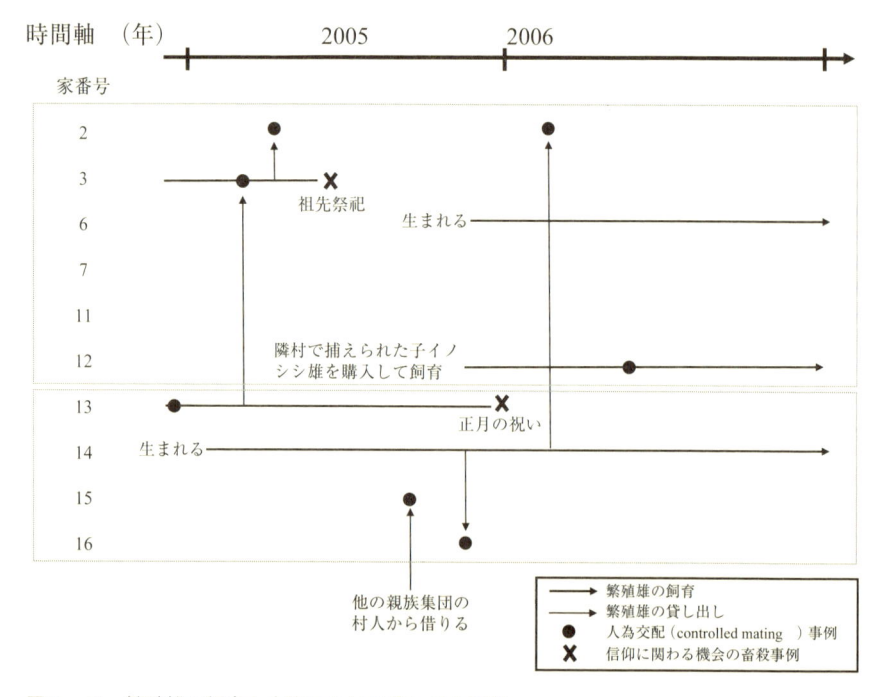

図5－3　繁殖雄の飼育と交配における貸し借り関係
出所：筆者の現地調査

　繁殖雄の所有にとくに制限はなく、集団のなかで社会的特徴がある者以外も所有していた。図5−3はのべ5頭の繁殖雄の利用状況を示しているが、元村長の家番号6、そして宗教的職能者の家番号13と14だけでなく、家番号3や家番号12も繁殖雄を飼っていた。この家番号3と12の世帯は、いずれも年齢が50代以上であり、ある程度年配の人が所有する傾向はある。村人は、繁殖雄は2〜3歳の若い雄が好ましいと考えており、家番号3と13における2頭の繁殖雄は、それぞれ2005年6月の祖先崇拝の儀礼と、2005年12月の正月に畜殺して消費された。このように、繁殖雄豚は交配に一定期間利用された後、畜殺して消費されていた。

　家番号12と13においては自家の繁殖雄を利用した人為交配を、自家の雌を対象として行い出産された。いっぽう、家番号14では、自家の繁殖雄を他家へ貸し出して人為交配が行われたが、自家の雌の交配には利用していない。そして家番号14では、自家の雌の交配対象は把握しておらず、非人為交配による出産が行われた。

　本章では、豚の生産と生殖管理の状況を述べた。対象とした集団では、豚の生産は約6割（17戸中の10戸）の世帯において行われ、1戸あたり年間に約5.4頭（約4.5頭が離乳時まで生き残る）を生産していた。そして、出産の間隔は約12ヶ月であり、1年に1度程度の頻度で行われ、出産時期に特定の集中する時期はみられなかった。

　また去勢管理について、人々が飼う豚の集団内で、交配利用可能な繁殖雄は約3％（70頭中の2頭）で、雄子の約4％（46頭中の2頭）が生態的特長と形態的特長により選択されて繁殖雄豚として飼われていた。

　そして交配管理について、繁殖雄豚による交配は、管理された人為交配と、管理されていない非人為交配が行われていることが示された。そして、人為交配は親族間や地縁間での繁殖雄豚の貸し借りにより行われていた。また交配管理は世帯によりそれぞれ異なり、雄イノシシを利用した交配も行われていた。繁殖雄の所有は権力者に制限されることはないが、どちらかといえば年長者が所有する傾向があり、親族集団の中で、誰か一人は所有している、といった状況があった。

第6章
豚を食する

ここでは、モンの人々が豚を食するようすを述べる。既に述べた、豚を飼う技術（第4章）と、維持する仕組み（第5章）からは、「ゆるやかな舎飼い（semi-confined)」と呼べる環境で、バナナの葉・茎を中心に多様な材料を組み合わせた自給的な餌が与えられて飼われていることや、再生産にあたって、繁殖雄は一部の家が所有するが、所有が比較的権力のある者に限るわけでもないことや、「ゆるやかな舎飼い」という飼育環境ゆえに、人為的ではない非人為的な交配がある程度存在することが示された。

本章では、これらの背景を踏まえて、豚を食する状況を明らかにして、章の後半では豚を小規模に飼う状況が継続している要因について考察する。

6-1　食する機会

HY村のモンの人々は各戸で数頭の豚を飼い、これらの豚をさまざまな機会に利用する。このうち彼らが自家で豚を畜殺して食用にする主要な機会は、次の2つに分類できる。

1つ目は、モンの儀礼での供犠利用である。人々は、ウアネンと呼ばれる祖先祭祀を、年に一度、各戸で行う。この際に豚を数頭供犠して利用する。儀礼に参加するのは儀礼を行う家の親族であり、農耕で協力しあう集団単位とおおよそ重なる。儀礼は数時間にわたり行われるが、儀礼のあいだに供犠した豚は、解体、調理し、儀礼後の宴会で親族一同が共食する（写真6-1）。豚肉を調理した料理は、ぶつ切りした肉を油で揚げたもの、塩味のスープで煮込んだもの、生肉を刃物で刻んで味付けしたものなどである。

写真6−1　親族一同による共食のようす（HY村、2006年8月）

　2つ目は、正月祝いでの利用である。モンの正月は12月の新月のあと1週間程度の期間である（写真6−2）。この間、村落のあちこちの家で豚は畜殺され宴会に供される。この正月祝いにはとくに宗教的職能者は関わらない。それぞれの家の都合で日付を選んで豚を畜殺し、調理し、親族・知人などを招いた宴会をする。この正月祝いの際には、その家の他家との付き合いの範囲が端的に現れる。すなわち、交友関係が広い家ほど、多くの親族・知人が訪れることになり、宴会の規模も大きくなる。

　このほかにも婚礼や葬送といったライフコースの節目での利用がある。婚礼は、例えば12月の正月の時期に、当事者を含めた親族間で親睦を深め、婚礼の話が進められ、翌1月に行われたりする。そして、葬送はその性格上、急に催されることが多く、婚礼の機会と同じく、豚を畜殺して故人と関係のあった親族・知人を招いた宴会が行われる。

　正月祝い、そして婚礼・葬送はともに、祖先祭祀と異なり、宗教的職能者が関係することはない。正月祝い、婚礼・葬送でも簡単な儀礼が執り行われるが、これは親族の年長者が行う。正月祝いと婚礼・葬送は、その機会の定期性に拠り異なり、ここでは、正月祝いは毎年12月に行われる定期的なもの、婚礼・葬送はライフコースの進展に伴い執り行われる不定期なもの、とそれぞれみなしている。

写真6－2　モンの正月に母親が見守るなか踊る子供のようす（HY 村、2006 年 12 月）

　このような豚の畜殺事例について、対象集団（17 戸）において集中的に調べたところ、2005 年から 2006 年の 2 年間に畜殺した豚は合計で 80 頭だった（表6－1）。1 戸あたりでは年間およそ 2.4 頭利用していることになる。そして、この 80 頭のうち、半分に相当する 40 頭（13 戸）は祖先祭祀において、次いで 17頭（12 戸）は正月祝いにおいて利用された。このほかの事例では、病気治療の儀礼で 3 頭（2 戸）、婚礼で 1 頭（1 戸）、クリスマスに 1 頭（1 戸）、遠方の親族が訪問した際に 4 頭（4 戸）、子供の進級祝いに 2 頭（2 戸）、日常の食用として12 頭（3 戸）が利用された。

　このように、人々の生活には豚の利用が欠かせない機会が多い。祖先祭祀、正月祝い、婚礼、葬送、といった機会に催される宴会では、親族、村人、友人など、家に集まる人々をもてなす必要がある（写真 6－3）。彼らは豚を利用したこのような宴会を通して、親族間の関係、あるいは農耕時の協力作業に必要な他家との関係、といった他者との社会関係を確認している。

表6−1　各機会において畜殺された豚の頭数

| 家番号 | 畜殺された豚の頭数 (n) | | | | | | | | | |
| | 宗教的機会 | | | | | | 非宗教的機会 | | | 合計 |
	祖先祭祀	治療儀礼	新年	婚礼	葬送	クリスマス	親族訪問	子供進学	日常消費	
1			2							2
2	4			1			1			6
3	3		2				1			6
4	5		1				1			7
5	4	2								6
6	3		2							5
7						1			9	10
8	1									1
9	2		1							3
10										0
11			1						2	3
12	4		1							5
13	3		1							4
14	2		1							3
15	2		1				1	1		5
16	5		1					1	1	8
17	2	1	3							6
合計	40	3	17	1	0	1	4	2	12	80

注1）対象集団（17戸）の2年間（2005年1月から2006年12月）の状況を示す。
注2）祖先祭祀と治療儀礼は宗教的職能者により行われる宗教的機会に分類した。
注3）新年、婚礼、葬送およびクリスマスは家の年長者により執り行われる宗教的機会に分類した。
注4）改良品種の豚の畜殺事例は1頭のみで、家番号2の婚礼機会に行われた。
注5）家番号7では9頭の子豚を日常消費として畜殺した。
注6）家番号7、8、10および11はキリスト教を信仰している。
出所：筆者の現地調査（HY村）

　また、彼らは豚を畜殺して宴会を行う以外に、豚の取引をして現金を得ている。表6−2は先の事例と同じく、対象集団（17戸）における他家との豚の取引状況を示している。この17戸のうち、豚を他家へ提供していたのは10戸であった。この10戸においては、計23頭の豚が他家に提供されたが、そのうち17頭が村内の親族への提供であった。また、この23頭のうち11頭は無償であり、現金を伴って販売されたのは12頭であった。

　先に述べたように、この対象集団においては、2年間に飼っていた豚のうち80頭が祖先祭祀、正月祝い、婚礼といった機会において畜殺された（表6−1）。

写真 6 − 3　宴会の食事前、来客にひざをついて礼をするよう
す（HY 村、2006 年 12 月）

表 6 − 2　提供された豚の取引先別の頭数

| 家番号 | 提供された豚の頭数 (n) | | | | 合計 |
| | 村内への提供 | | 村外への提供 | | |
	親族内	親族外	親族内	親族外	
1					0 (0)
2	4 (2)				4 (2)
3	3 (2)				3 (2)
4					0 (0)
5					0 (0)
6	1 (1)		1 (1)		2 (2)
7	1 (0)	1 (1)			2 (1)
8					0 (0)
9					0 (0)
10					0 (0)
11	3 (0)	2 (0)			5 (0)
12	1 (0)				1 (0)
13	3 (3)				3 (3)
14	1 (0)				1 (0)
15			1 (1)		1 (1)
16		1 (0)			1 (0)
17					0 (0)
合計	17 (8)	4 (1)	2 (2)	0 (0)	23 (11)

注 1）対象集団（17 戸）の 2 年間（2005 年 1 月から 2006 年 12 月）の状況を示す。
注 2）括弧内の数字は、無償での取引を示す。
注 3）ここでいう親族は、血縁関係にある集団を示す。
注 4）取引されたのはいずれも在来の豚であり、改良品種の豚は飼育されていない。
出所：筆者の現地調査（HY 村）

このことから、彼らの豚利用は、飼っていた豚のうち 80 頭を畜殺し、23 頭を他家に提供し、この提供した 23 頭のうち販売した豚は 12 頭であったとまとめられる。なお、この 12 頭の売値の合計は 5900 バーツ（約 1 万 8000 円）となっている。

　以上の事例から、同一集団による豚の利用について、畜殺と取引を一定期間にどの程度行っているかを把握して評価すると、彼らが豚を飼う第 1 の目的は自家消費にあり、豚を販売して現金を得ることは 2 次的な目的であると位置づけられる。

　先に HY 村のモンの人々が自ら飼うのは黒色の豚で、白色の改良品種の豚は村内で飼うことはないと述べた。しかし一部の家では正月祝い、婚礼・葬送の機会に、白色の改良品種の豚をナーンの街で購入してきて畜殺する事例を確認した。人々は、基本的には自家で飼う黒色の豚を畜殺して利用しており（写真 6 – 4）、白色の改良品種の豚は、大量の肉を使って大規模な宴を行う必要があり、しかし、そのために十分な数の黒色の豚を飼っていない場合に、不足分を補う目的で利用している。

写真 6 – 4　自家で飼っていた大きな黒色の豚を畜殺するようす（HY 村、2006 年 12 月）

6－2　食するための取引

　豚は、かなりの程度、自家で生産して消費する自給的な状況にあるが、いっ
ぽうで、その消費には取引の結果も関わっている。ここではその詳細をみる。
まず、表6－3が示すように、各戸で畜殺した豚が自家由来（自家で出産した豚）
であった割合は約65％であった（のべ80頭のうちの52頭）。そして、残りの約
35％は他家由来（他家で出産した豚）であった。本書では、自家で出産・肥育を
行った豚を自家由来、他家で出産されその後入手した豚を他家由来と呼ぶこと
にする。

表6－3　畜殺された豚の由来

家番号	畜殺された豚の頭数 (n)		
	再生産	入手	合計
1		2	2
2	3	3	6
3	6		6
4		7	7
5		6	6
6	5		5
7	10		10
8		1	1
9		3	3
10			0
11	3		3
12	4	1	5
13	4		4
14	3		3
15	5		5
16	8		8
17	1	5	6
合計	52	28	80

注1) 対象集団（17戸）の2年間（2005年1月から2006年12月）の状況を示す。
注2) 2つの家（番号5と10）は豚を飼育していない。
注3) 家番号5では、いずれも入手後すぐに畜殺された。
出所：筆者の現地調査（HY村）

次に、他家由来の豚はどこから入手されていたのか、その取引状況を次に示す。本書では豚の取引を、入手と提供の2つに分類して述べ、金銭を介する場合と無償の場合を含めて、それぞれ入手・提供と述べることにする。

　表6-4は各戸における豚の入手先別の頭数を、村内と村外について、それぞれ親族と非親族に分けて示している。入手された豚の頭数はのべ37頭であり、そのうち25頭（約7割）が有償で、残りの12頭が無償で入手されている。また、入手先の属性をみると、親族から20頭（村内15頭、村外5頭）、親族以外が17頭（村内5頭、村外12頭）に分けられる。さらに、入手された豚の種類をみると、「改良品種」の入手は1頭であり、それ以外は「在来品種」であった。

表6-4　入手された豚の取引先別の頭数

家番号	入手された豚の頭数 (n)				合計
	村内から入手		村外から入手		
	親族内	親族外	親族内	親族外	
1		2 (0)			2 (0)
2			1 (0)	2 (0)	3 (0)
3					0 (0)
4			2 (2)	7 (0)	9 (2)
5	5 (5)	1 (0)			6 (5)
6					0 (0)
7			1 (1)		1 (1)
8	1 (0)	1 (0)	1 (1)		3 (1)
9	4 (0)				4 (0)
10					0 (0)
11					0 (0)
12	1 (0)			1 (0)	2 (0)
13					0 (0)
14					0 (0)
15					0 (0)
16					0 (0)
17	4 (3)	1 (0)		2 (0)	7 (3)
合計	15 (8)	5 (0)	5 (4)	12 (0)	37 (12)

注1）対象集団（17戸）の2年間（2005年1月から2006年12月）の状況を示す。
注2）括弧内の数字は、無償での入手を示す。
注3）ここでいう親族は、血縁関係にある集団を示す。
注4）改良品種の豚は家番号2で1頭のみ村外の親族外から購入して入手された。
出所：筆者の現地調査（HY村）

　図6-1は村外からの豚の入手が行われた13事例について、入手先との地理的関係を示している。それぞれ HN 村（南へ4km）からはバイクで3頭、徒歩で3頭が、PP 村（北へ7km）からはバイクで4頭が、バーンルアン（BL）村（北西へ15km）からは車で3頭が、PPT 村（南へ20km）からはバイクで2頭が、ナーン市（東へ40km）からは車で1頭が、ウィアンサー市（南東へ60km）からは車で2頭が、入手された。改良品種はナーン市（東へ40km）から車で1頭が入手された。

　先に示した、表6-2は各戸における豚の提供先別の頭数を、村内と村外について、それぞれ親族と非親族に分けて示している。提供された豚の頭数はのべ23頭であり、そのうち12頭（約5割）が有償提供で、残りの11頭が無償で

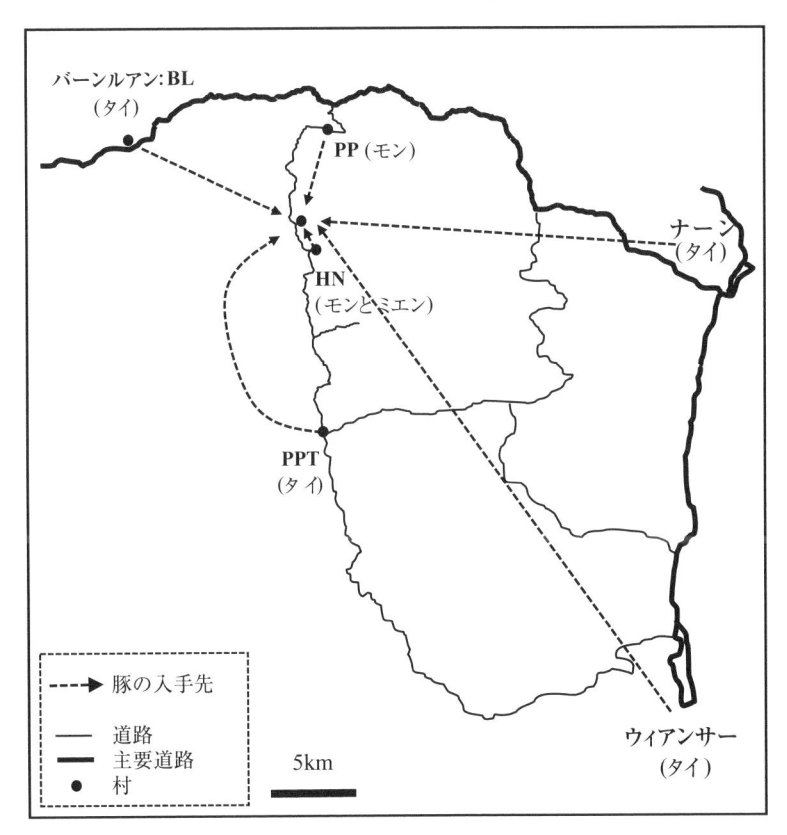

図6-1　村外からの豚の入手先
出所：筆者の現地調査

提供されている。また、提供先の属性をみると、親族へ19頭（村内17頭、村外2頭）、親族以外へ4頭（村内4頭、村外0頭）に分けられる。提供された豚の品種はいずれも在来品種であった。なお豚を生産した家はいずれも豚を提供した。

　図6－2は村外への豚の提供が行われた2事例について、提供先との地理的関係を示している。それぞれHN村（南へ4km）へはバイクで1頭が、SK村（北東へ20km）へは車で1頭が提供された。

　このように豚の提供は村内の親族への無償提供が約半分を占めた（表6－2）。そして、村外へは車やバイクを利用して提供したが、いずれも村外の親族に無償で提供したものだった。

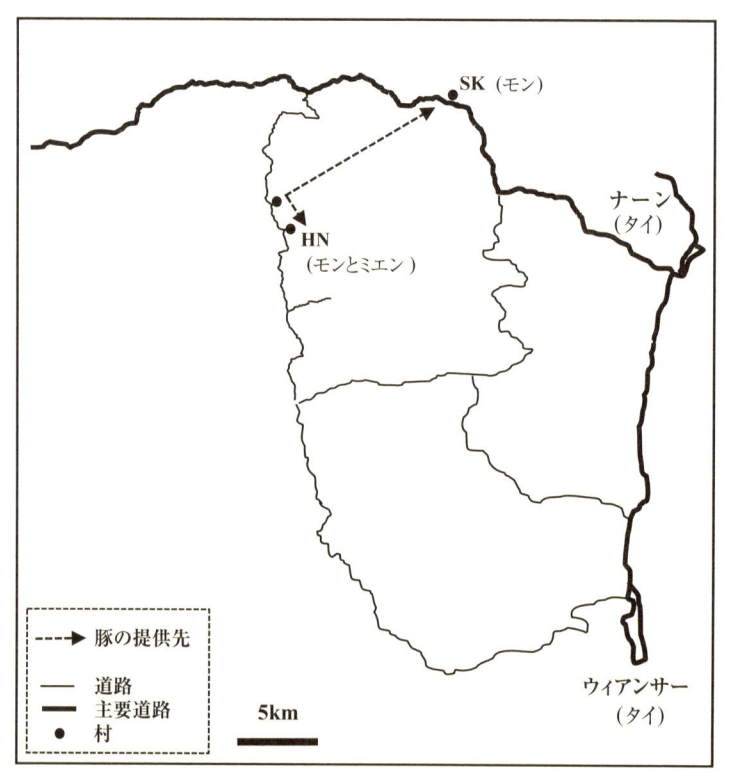

図6－2　村外への豚の提供先
出所：筆者の現地調査

　表6-5は村外との豚の取引における取引先との距離と運搬手段を示している。村外との取引は入手が13事例、提供が2事例で、のべ15事例だった。豚の取引先との距離と運搬手段の関係をみると、徒歩（4kmまで）、バイク（4〜20km）、車（15〜60km）と距離により運搬手段が異なった。

　対象集団における、のべ15事例の村外との取引のうち、「改良品種」は有償で入手された事例が1事例みられた。このほかの14事例の取引はいずれも在来の豚の取引であった。以下に「改良品種」の入手事例について述べる。

表6-5　豚の取引（提供と入手）にみる村外との関係

事例番号	家番号	取引先					運搬に利用した乗り物の所有者							取引形態	価格(バーツ)	運搬した豚の頭数(n)
		関係		取引先		村からの距離	車			バイク			徒歩			
		親族内	親族外	場所	民族集団		自己所有	親族所有	親族外所有	自己所有	親族所有	親族外所有				
1	4		○	ウィアンサー	タイ	60 km			○					入手	2000	2
2	2		○	ナーン	タイ	40 km	○							入手	5900	1
3	6	○		SK	モン	20 km	○							提供	無償	1
4	2		○	BL	タイ	15 km	○							入手	600	1
5	4		○	BL	タイ	15 km	○							入手	1200	1
6	4		○	PPT	タイ	20 km					○			入手	700	1
7	4	○		PP	モン	7 km					○			入手	無償	1
8	6	○		PP	モン	7 km					○			入手	無償	1
9	4	○		PP	モン	7 km						○		入手	無償	1
10	8	○		PP	モン	7 km					○			入手	無償	1
11	2	○		HN	モン / ミエン	4 km					○			入手	500	1
12	4		○	HN	モン / ミエン	4 km					○			入手	1200	2
13	15	○		HN	モン / ミエン	4 km					○			提供	無償	1
14	12		○	HN	モン / ミエン	4 km							○	入手	300	1
15	17		○	HN	モン / ミエン	4 km							○	入手	700	2
合計																19

注1）対象集団（17戸）の2年間（2005年1月から2006年12月）の状況を示す。
注2）1バーツは約3円に相当する（2005年）。
注3）ここでいう親族は、血縁関係にある集団を示す。
注4）改良品種の豚は家番号2で1頭のみ村外の親族外から購入して入手された（事例2、詳細は事例6-1を参照）。
注5）村外から入手した豚について、すぐに畜殺利用することなく飼育した事例は次のとおり。
　　　事例9、10、15では3頭の雌をPPとHNの村から入手して、飼育しているが再生産には利用していない（2007年10月の確認）。
　　　事例14では1頭の繁殖雄をHN村から入手して、飼育後、再生産に利用された。
出所：筆者の現地調査（HY村）

【事例 6 - 1　改良品種豚の入手（家番号 2)】

　息子の婚礼にともない改良品種の去勢雄豚を 1 頭、調査村から約 40km 離れたナーン市から、5900 バーツ（約 1 万 8000 円）で購入した（2005 年 1 月）。改良品種の購入時に、自家では 2 頭（去勢雄と雌）を飼っていた。その 2 頭はその後それぞれ、去勢雄（約 1 歳）は 2005 年 5 月に祖先祭祀で畜殺し、雌（約 1 歳）は 2005 年 8 月と 2006 年 5 月に出産した。「なぜ改良品種を購入したのか」という筆者の質問に、飼育者は「婚礼はたくさんの肉が必要だから」と答えた（2006 年 10 月聞き取り）。

6 - 3　小規模に飼い続ける要因

　ここまでみてきたように、HY 村のモンの人々は、現在まで農耕を営みながら、各戸で数頭の豚を飼い続ける暮らしをしている。ここでは、筆者が現地調査を行った2000 年代において、モンの人々による小規模な豚飼育が継続している要因について、若干の考察をする。

　まず豚を飼う目的についてみると、販売利用は 2 次的な目的であり、第 1 の目的は年に一度定期的に行われる祖先祭祀や正月祝いの機会に畜殺利用することにあった。このことから、彼らが豚を飼い続ける第 1 の要因は、モンの祖先祭祀での供犠利用という宗教的要請と、正月祝いをはじめとする慶事に、親族間あるいは農作業に必要な他家との関係を確認するために宴会を催すという社会的要請があることが指摘できる。モンの人々の生活において農作業はとりわけ重要であり、主な食糧である陸稲と、主な現金収入源であるトウモロコシの栽培を行う際の、播種、除草、収穫の作業には、親族を含めた他家との協力作業が不可欠である。

　このように販売利用という経済的要請が家畜を飼う第 1 の目的ではないことが、近代的な畜産として行われる家畜飼育と異なる点である。

　豚を飼う主要な目的は上記のように理解できるが、各戸の状況により次のような多様な目的も考えることができる。端的に表れているのは一部でみられたクリスマスや子供の進級祝いでの利用であり、キリスト教の信仰や子供の学校教育といった、モン社会の近年の変化による影響が考えられる。キリスト教徒

の家では、モンの祖先祭祀を行わなくてもよいことになっているが、彼らは新たにクリスマスの機会に豚を利用し、正月祝いの機会の利用も続けている。このことは、祖先祭祀に加えて、正月祝いをはじめとする、なんらかの慶事の存在が、豚飼育の継続要因となっていることを示唆する。

　そして豚を飼う規模が、各戸ごとに数頭と小規模である要因には、次のような豚の餌の条件が関係していると考えられる。彼らは、豚に街で販売している畜産用に配合された餌を与えるわけではなく、自然に由来する自給的な餌を与えるが、その内容はバナナの葉・茎を中心とした長期の貯蔵が不可能な植物類である。このため、この自給的な餌を確保できる条件が、飼うことができる豚の数と関係していると考えられる。村人の中には「豚は増えすぎても困る」という声がよく聞かれる。これは、多くの豚を飼うには毎日大量の植物類を採取する必要がある、と村人が考えていることを示している。すなわち、これは豚の餌となる植物類は村内に潤沢に存在するが、この餌を採取する際の技術的要請ゆえに、豚の飼育規模が各戸の労働力に規定され、夫婦と子供をあわせた労働力がどのくらい期待できるかという点が、豚の飼育規模と関係する可能性を示唆する。

　以上のように考えると、人々が豚の小規模飼育が継続している要因には、祖先祭祀での供犠利用という宗教的要請、慶事の宴会で他家との関係を確認するための社会的要請、そして豚の餌に関する技術的・労働力的要請、といったいくつかの要因が少なくとも関係しているだろう。

　人々が自ら飼うのは黒色の豚であるが、彼らは一部であるが必要に応じて白色の改良品種の豚を街で購入して利用していた。これはモータリゼーションの進展により購入と運搬が容易になったことに加えて、急に豚が必要になった際にも購入できることが（各戸はある程度今後の予定に沿って豚を飼っているために、必要な時に村内ですぐに入手できるとは限らない）、利用される要因と考えられる。また、彼らが白色の改良品種の豚を村内で飼わない要因の１つは、餌の条件にあると考えられ、「白色の豚を飼うには街で売っている餌（いわゆる畜産用の配合飼料）を与えないといけない」という声をよく聞く。これは人々が白色の改良品種の豚を飼うには、餌に金を使う必要があると考えていることを意味する。彼らはトウモロコシを売って主な現金収入を得ているが、得た金で豚の餌を購入

して白色の豚を飼う、または、購入した餌で黒色の豚を大規模に飼う、という変化はみられない。

　本章では、モンの人々が豚を小規模に飼う営みが継続している要因について、2000年代のタイ北部の事例から検討した。その結果は次のようにまとめられる（図6－3）。

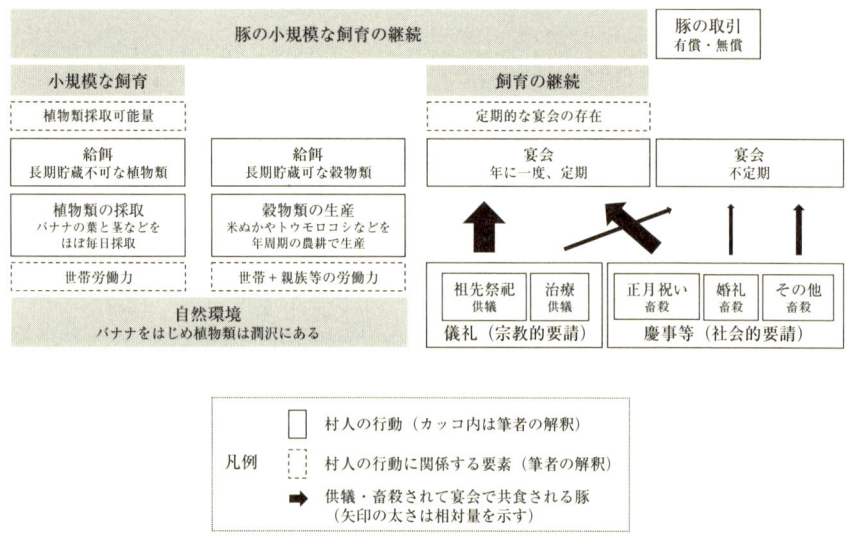

図6－3　豚の小規模飼育が継続する要因に関する模式図
出所：筆者作成

　タイ北部のモンの人々が、豚を継続して飼う要因としては、1）年に一度の祖先祭祀での供犠利用に基づく宗教的要請と、2）正月祝いなどの慶事の宴会での利用という他家との関係を確認するための社会的要請が定期的にあることが考えられる。さらに、飼育頭数が小規模にとどまる要因としては、3）豚の餌についての技術的・労働力的要請が考えられる。すなわち、豚の餌はバナナの葉と茎など山村周辺の自然に由来するものであり、これらは潤沢に存在するが長期貯蔵が不可能であり、毎日自力で採取する必要があるために、各戸の飼育規模が規定されている[1]。

　このように、現在のモンの人々の豚の小規模飼育は、少なくともこれらの諸要因の関係の上に成り立って継続しているとみなせる。小規模な豚飼育は、販売利用という経済的条件が豚を飼う第1の目的ではないことが、近代的な畜産として行われる豚飼育と異なる点である。

注

1)　HY村周辺地域ではバナナ植物体が豚餌として重要であり、豚を飼う文化のひとつの要素と考えた。このバナナ植物体の豚餌での利用は、野生バナナが豊富にみられる山地の河川沿い地域に共通する生業文化である可能性がある。低地の水田稲作地域では、他の植物（例えばホテイアオイなどの水草）が、バナナ植物体に代わる緑餌として存在する可能性がある。

第7章
家畜を飼う文化

ここまで、モンの人々の生業文化について、とくに豚という家畜に焦点を置いて、それぞれ、「飼う」（第4章）、「維持する」（第5章）、「食する」（第6章）の側面から、主にフィールドワークで収集できたデータを用いた記述を行い、その特性を示してきた。とくに第6章の後半では、「飼う」営みがどのように続いているのか、「食する」こととの関わりから、継続性とその要因を若干考察した（図6−3）。

本章では、モンの人々の生業文化、とりわけ家畜を飼う文化について、より総合的な理解を得るために、記述において、いわゆる民族誌的記述をより多く用いる。記述の対象とするのは筆者が調査において生活を共にし、最も時間を費やして観察および聞き取りを行ってきたL氏とその親族集団の事例である。なおこの集団は、本書の第4章から第6章にかけて豚を飼う営みの詳細を記した集団の一部である（図3−10のB3に相当）。

7−1　L氏の暮らしと生業

L氏はHY村の一般的なモンの男性であり、調査時に年齢は50歳である（2006年）。図7−1にL氏とその親族の関係図を示した。ここでは夫婦と子供のいわゆる核家族を1つの単位としている。L氏は10代半ばで結婚し、妻との間には9人の子供を得ている（息子5人と娘4人で、うち三女は幼少時に亡くなり、8人が成人した）。息子のうち30代の長男と20代の次男と三男は既婚で、長男はL氏の家の隣に居を構え、次男と3男はL氏と同居している。まだ10代の4男と5男は村外にある学校に寄宿して学んでいる。娘のうち長女と次女は既に嫁にゆ

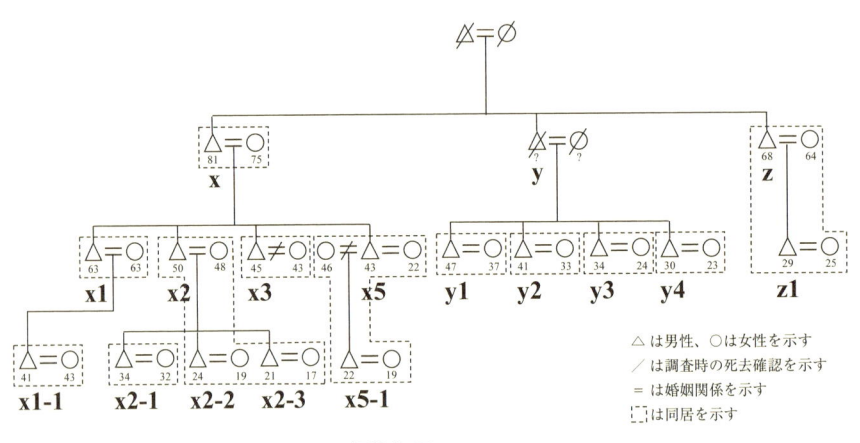

図7－1　HY村におけるL氏とその親族集団
注）L氏はx2に相当する。数字は年齢を示す。
出所：筆者の現地調査（2006年9月）

　き、長女は隣村に、次女は村内に住んでいる。そして四女は村外の学校で寄宿して学んでいる。基本的には、学校教育を受けてタイ語の読み書きを修得することで、タイ社会への適応が目指されている。またL氏は8人兄弟の次男にあたり、L氏の父親世帯、兄の世帯、2人の弟の世帯、村内に嫁いだ妹世帯も同じHY村に居住している（弟が1人若年で死去し、2人の姉は嫁がずに、L氏の父親と同居している）。

　　L氏はタイ語の教育を受けていないが、タイ語を聞き取り話すことは多少できる。しかし、日常的にはほぼすべてモン語で過ごしている。ナーンの街に出ることはまれで、街に用件があるときは息子らにまかせている。またL氏の妻は、タイ語はあまり理解できず、HY村から出ることはほとんどない。いっぽう、L氏の息子世代からはタイ語教育を受け、夫婦ともにタイ語の読み書きはできる。なんらかの用件があるときは、バイクや車でナーンの街へでかける。L氏の家にはバイクが2台あり、次男と三男がそれぞれ使っている。また長男もバイクを1台所有している。また、L氏の弟がピックアップ型の車を1台所有しており、L氏の親族集団はこの1台の車を共同で使って生活をやりくりしている。

　　L氏は次男であるが、兄が控えめな性格のため、実質的に長兄的な役割を果たしている。そして7歳下の弟（四男）との組み合わせが、図7－1に示した親

族を実質的にまとめている。なお、このL氏の弟（四男）は、HY村でタイ語の読み書きを修得した最初の世代にあたり、その後、近隣のタイ族との交流を深めて、筆者の調査時には村長を務めている。

　PK地点からHY村に移った頃にL氏とその親族は、アメリカに移住することもできたという。しかし、その時は「ここ（HY村）であれば暮らしてゆける」という、L氏の父の判断に、親族全体が従っている。ただし、L氏の長男は「父（L氏）は、アメリカに行きたがっていた」と述べていて、L氏は自らの意向とは異なる父の判断に従い、タイ国内での暮らしを続けたことを示している。

　L氏の主要な生業はHY村で一般的なものであり、焼畑地で陸稲を栽培して日常的に食用とする米を手に入れ、トウモロコシを年に一度栽培してナーンの街で売り、現金収入を得ることである。そして、このような作物栽培を行うと同時に、鶏、豚、牛の家畜を飼っている。またこの他に、自給用としてタケノコやキノコの採取、イノシシの狩猟などを行っている（中井2010）。ただしHY村近隣ではイノシシは近年あまりとれなくなってきており、L氏は狩猟に積極的には行かない。L氏は主要な生業である作物栽培と家畜飼育を年間通して行ってゆくにあたって、兄弟と協力関係にあるが、とりわけ3人の息子世帯と密な協力関係にある。

　作物栽培にあたって、2月から3月の栽培地の伐開、5月の整地、8月から9月の除草といった作業は、L氏夫妻と次男・三男夫妻の6名が協力して行い、調査時に村の行政官の仕事を行っていた長男は、時間的余裕がある時に適宜作業に協力していた。また、4月の火入れ、6月から7月にかけての陸稲とトウモロコシの播種、11月から12月にかけての収穫にあたっては、L氏の息子世帯だけでなく、兄弟世帯の協力をうけて親族集団全体で作業を行った（写真7－1）。もちろん、L氏は自らの畑の作業を上記の協力関係に基づいて行うだけでなく、次男と三男の畑においても同様の作業を手伝う必要があった（調査時に三男は自らの畑地を持たず、長男の畑を借りて栽培していた）。さらに加えてL氏は村内にいる、父の世帯、兄とその息子の2世帯、2人の弟と1人の妹の3世帯、村内に嫁いだ娘の1世帯と、あわせて7世帯分の畑についても作業を随時手伝う必要があった。さらには村内の懇意にしているいくつかの他家の手伝いも時折する必要があった。

写真 7 − 1 　陸稲を収穫するモンの人々のようす（HY村、2005年10月）

　このようにL氏の事例では、たとえ自らの畑の陸稲の播種が親族の協力を得て2日間で終わったとしても、息子や兄弟をあわせて9世帯分の播種もそれぞれ手伝う必要があり、これだけでものべ20日間程度は陸稲の播種を行うことになり、実質約1ヶ月間はほぼ毎日播種作業を行う必要がある。

　L氏の畑作業を筆者も手伝い、出作り小屋で昼食を共にとる時、L氏はにこやかに「米をいっぱい食べて、大きな畑を作ろう！」と、たびたび語りかけてきた。そして、「これがモンだ」と付け加えられるのを、繰り返し聞いた。自集団を認識するキーワードとして繰り返し表現されたこの思考が、L氏とその親族に共有されていて、行動原理になっているとすると、長期的には集団の人口が増加して環境への負荷が高まることの予測は容易で、この原理の影響力の問題をあわせて示唆する。

　L氏の行う家畜飼育は、上記のように忙しい陸稲作の農繁期にも継続して行われている。表7 − 1にL氏とその親族の鶏と豚と牛の飼育状況を示した（2006年）。L氏は、鶏はメスを5羽程度は常に飼っている。そしてヒナやオスも含めると20羽程度いる。鶏用に小屋をつくり、夕刻に餌を与えたあと夜間はその中にいれて閉じ込めるが、朝には放して餌を与え、昼間は家のまわりで放し飼いにしている（写真7 − 2）。餌にはもみ殻付の米や精米、米ぬか、トウモロコシと

表 7 − 1　L 氏とその親族集団の家畜飼育頭数

戸別 ID	構成員数 (n)	家主年齢 (歳)	家畜飼育頭数 牛 (n)	豚 (n)	鶏 (n)
1　x	4 (2)	81	3 (2)	0 (0)	9 (6)
2　x1	6 (2)	63		7 (2)	8 (3)
3　x2 ＋ x2-1 ＋ x2-2	11 (6)	50	6 (2)	10 (2)	13 (8)
4　x3	3 (1)	45	3 (0)	2 (2)	18 (6)
5　x5 ＋ x5-1	9 (4)	43	2 (0)	4 (1)	25 (6)
6　x1-1	10 (3)	41		2 (2)	5 (3)
7　x2-1	4 (2)	34	2 (1)	2 (1)	12 (5)
8　y1	9 (2)	47		2 (1)	10 (3)
9　y2	7 (2)	41		7 (2)	16 (3)
10　y3	5 (2)	34		1 (0)	17 (6)
11　y4	4 (2)	30		0 (0)	15 (5)
12　z ＋ z1	8 (4)	68		11 (3)	45 (10)
合計	80		16	48	193

注 1) 戸別 ID は図 7 − 1 と関連している。L 氏は x2 に相当する。
注 2) 牛と鶏は 2006 年 9 月、豚は 2006 年 10 月の時点の飼育頭数。括弧内の数字は生殖可能な成雌の頭数を示す。
注 3) 各戸の構成員数と家主年齢は 2006 年の時点を示す。構成員数の括弧内の数字は子供や老人を除く実質的な労働人数。
出所：筆者の現地調査

写真 7 − 2　家の庭先で、昼間、鶏を放し飼いするようす（HY 村、2012 年 12 月）

いったものが与えられる。このような餌は収穫した作物の余剰で十分足り、世話もL氏の妻が朝と夕方にする程度であり、それほど手間はかからない。長男世帯も鶏については、ほぼL氏と同規模で飼っている。

　L氏は、豚はメスを2頭程度飼い、数頭の子豚が常にいる。そして種オスを1頭飼っている。豚は黒色のもので常に小屋に入れて飼い、メスと子豚の部屋と種オスの部屋は簡単な仕切りで分けている。ただし、小屋のつくりは粗放なものであるので、昼間には隙間から子豚が出てきて周辺を歩きまわり、メスや種オスもまれに小屋の外に自ら出ていることがある。そのため飼育者が意図しないところで生起している交配も存在する。餌は朝と夕方に2回与えるが、畑周辺で採ってきたバナナの葉・茎や野草を細かく刻んだものと米ぬかやトウモロコシを混ぜて与えることが多い。このような野草類の採取と餌の調整はL氏の妻が行っているが、子豚も含めて10頭程度分の餌を確保するためには、タケカゴいっぱいの野草類をほぼ毎日採りにゆく必要がある。いっぽう、L氏の長男世帯については、去勢された豚を1頭飼っていたが、2007年以降は豚の餌の世話が大変だということで飼うことをやめている。第5章で詳細を述べたように、このような黒色の豚は一回の出産でおよそ7頭の子豚を生んでいる。

　そしてL氏は、牛は調査時には6頭を飼っている（2006年）。牛の種類はいわゆる黄牛の類である。L氏は家から歩いて30分程度のところにある1haほどの自分のライチの果樹畑をタケ柵で囲い、その中に牛を放している（写真7－3）。L氏の長男も2頭の牛を所有しているが、管理は父親にまかせているため、L氏は実質8頭を飼っている。牛はライチ畑の下草を食み、また傾斜地になっているライチ畑の低いところには小川が流れており、牛は自由にその水を飲むことができるようになっている。ライチ畑の中には出作り小屋があり、牛のようすを見に行ったときはそこで過ごす。牛を見に行くのはL氏が行く場合が多いが、ときおり妻も行く。また、雨季で雨が続く時期は村内まで連れ戻して、家の横に括り付けておくこともある。その際には、牛の餌となる草を得るために、L氏は近くの小川沿いなどへ、草を刈り取りに行く必要がある。

　そしてL氏の2人の弟もそれぞれ3頭と2頭、さらにL氏の父親も3頭の牛を所有しているが、これらの牛の管理はL氏の父親が行っている（表7－1）。L氏の父親は80歳をすぎて高齢のため農作業は行わないが、これらの牛の日帰り

写真7-3　ライチの果樹畑で牛を放牧するようす（HY村、2005年5月）

放牧をしている。この放牧はHY村の近くの河川沿いで行われている。HY村には黄牛のほかブラーマン系の白色の牛も散見される。売値は白色の方が多少高いが、黄色のほうが丈夫で粗食にたえるとL氏をはじめ村人は考えている。

7-2　家畜の供犠利用

　L氏の家における日常的な食事は、ウルチ米を炊いたご飯と、野菜の炒めものやスープ類といった質素なものである。L氏の家にはテレビや電灯はあるが、冷蔵庫はない。そのため肉の消費は塩漬けにして保存することもあるが基本的に食べ切りである。ただし、L氏の長男の家には冷蔵庫があるので、まれにあまった肉を少しの間預けることはある。鶏は日常の食卓にならぶこともあるが、鶏と豚ともに食する際には通常なんらかの儀礼をともなう（表7-2）。牛の利用の詳細は後述するが、ほぼ換金目的である。

　先述のように、HY村のモンの人々は、祖先祭祀と正月祝いの2つの機会に主に鶏と豚を食している。祖先祭祀は年に一度各戸で行うものとされ、畑での播種がはじまる少しまえの5月頃に集中して行われる。この祖先祭祀を司るツィネンと呼ばれる宗教的職能者はHY村には調査時に8人を確認している。L氏の場合はこのうちの一人と懇意にしており、毎年同じ人に行ってもらってい

表7-2　HY村における家畜利用機会

分類	機会名	宗教的職能者の関与	利用家畜			機会発生間隔	
			牛	豚	鶏	年次	随時
儀礼	祖先祭祀（家単位）	○		○	○	○	
	祖先祭祀（親族集団単位）	○	○	○	○		約10年
	病気治療	○		△	○		○
	農耕儀礼				○	○	
	葬送		○	○	○		○
慶事	正月祝い			△	○	○	
	婚礼			○	○		○
	親族訪問・帰村祝い			△	○		○
	子供進学・進級祝い			△	○		○
	クリスマス			△	○	○	
	村長就任祝い		○		○		約5年

注1）宗教的職能者が関わらない機会は、家主や親族の年長者が取り仕切る。
注2）病気治療の儀礼には、安産祈願なども含む。
注3）農耕儀礼は畑地で行う豊作祈願の儀礼などを含む。
注4）△は家により省略される事例が存在することを示す。
注5）クリスマスは一部のキリスト教世帯が行っている。
出所：筆者の現地調査

る。儀礼を行う時間帯に決まりはないが、例えば朝早くから始めた場合には、昼過ぎまでとほぼ半日かかりで行われ、鶏と豚を供犠して祖先にささげる。L氏の場合、祖先祭祀の日には、先に述べた親、兄弟、息子の世帯に加えて、父親の2人の弟世帯（ひとりは既に亡くなっているがその息子の4世帯と、親の末の弟の1世帯）も参加するため、参加者は20人を軽く超えて、その子供らも含めて大変なにぎわいとなる（図7-1）。

　儀礼が終わったあとには、供犠した鶏と豚を調理して親族全体で共食し、男たちは酒盛りを夕刻まで続ける。料理は、鶏はゆでて塩味のスープとして出され、豚はぶつ切りにしたあと同様に塩味のスープとされるほか、香草を混ぜて生のまま包丁でたたいてつぶしたものが出される。この祖先祭祀においては1歳ほどの豚が2頭程度屠られるが、豚肉料理は参加者全員が十分に食べてもまだ余るくらいの量をつくることができる。

　また、この儀礼においてツィネンは長イスの上に腰かけて儀礼を進めるが、ドラが鳴らされて、しだいに憑依状態になり、長イスの上で飛び跳ねる行為を

長時間くりかえす。道教の影響を受けているとされる、このような儀礼の様式は、チェンマイ県のモンの例からも報告されていて類似している（Chindarsi 1976、Symonds 2004）。ツィネンは眼前を布で覆い、祖先の霊をはじめ、さまざまな霊的存在と交信するとされている。なお、長イスは「馬」に例えられて、馬に乗って霊的世界を旅して、戻ってくると説明される（Symonds 2004）。

　この飛び跳ね行為は数時間程度連続して続き、身体的な疲労は大きく、連日儀礼を行うことは難しい。そのため、先に祖先祭祀は 5 月に集中して行われると述べたが、L 氏の場合も、L 氏の 2 人の弟世帯はこの時期に行うが、他の若い世帯などは時期をずらして行い、儀礼の日程はツィネンの都合や親族間の調整に拠っている。

　モンの人々の正月は、その年の陸稲の収穫を終えて 12 月の新月の日から 1 週間程度がそれに相当する。この正月祝いにツィネンは関わらないが、各戸で鶏と豚を屠り調理して祝宴の席に出される。第 6 章で示した写真 6 - 3 は、正月の祝宴前のようすであるが、宴席の背景には収穫した米の入った袋が山のように積まれている。筆者が「たくさん収穫できたね」と話かけると、家の主人は「これは 1 年分以上、2 年分近くある」と言い、「来年は収穫が少ないかもしれないから」、さらには「（米が）食べられないことはとても恐いから」と言っていた。天候不順やさまざまな収穫量減の可能性を想定して、世帯によっては作ることができる年に多めに作ることが行われている。この時期、各戸にはこのような米袋の山がよくみられるが、これはナイロン製の袋が手軽に入手できるようになってからのことであろう。かつては米を蓄えておく小屋が別に作られていたと考えられるが、現在の HY 村ではほぼ見られない。20 世紀の石油化学の成果は焼畑民の米の運搬と保存に影響を与えている。そして積み上げられた米袋は、その家の米の備蓄状況を可視化させていて、訪問した者は現状を容易に理解できる。

　正月の時期には、今日はこの家、明日はあの家といったように日替わりで連日親族や友人を招いて祝宴が行われる。屠った鶏については、L 氏をはじめとする年配者が、足や口ばし、のど骨などの形をみて吉兆を判断する（写真 7 - 4）。このほか体調不良の際に行われる病気治療の儀礼においても豚と鶏が供犠されることがある。ただし、最近では豚が省略され、鶏だけで行われることもある。

写真7－4　鶏の骨の形をみて吉兆を占うようす（HY村、2006年12月）

このほか鶏は、畑地での豊作祈願の農耕儀礼など、モンの簡単な儀礼には欠かせないものとなっている。

　家畜の換金利用については、牛がまとまった現金を得ることができる家畜として重視されている。HY村において牛を屠る機会はごくまれである。約10年に一度行うという親族集団全体の祭祀や、葬送、村長の就任祝いなどで牛を屠ることをこれまでに確認しているが、このような機会は村全体でみても頻繁にはない。豚については、子豚が多くある場合に、将来的な餌の手間を考えて数を減らすために販売することがあるが、生後3ヶ月程度の子豚で500バーツ（約1500円）である（2006年）。これは例えば成牛1頭が1万バーツ（約3万円）程度という価格とくらべると相対的に低い。

7－3　家畜を飼う文化の変容：改良品種の影響

　HY村では1990年代半ばに電化し、それとともに電灯とテレビ、さらには冷蔵庫のある世帯が現れた。しかし、2010年代でも冷蔵庫のある世帯はまれで、L氏の親族集団の事例では冷蔵庫は2台あり、冷蔵庫のない世帯は持ち主に

断って時折それを使っている。儀礼等で屠った家畜の肉はその時にほぼ食べきるが、一部残して冷凍保存しておくこともある。また、HY 村の人々はバイクや車で訪問した行商人から鶏肉を購入することがまれにある（写真 7 - 5）。しかし、そのような行商人がナーンの街で仕入れたブロイラーの類の鶏肉については、「CP の鶏はおいしくない」といったように評価は低く、村内で放し飼いにより育てた鶏肉の味に価値を置いている。

　豚についても主に食べるのは、自家で飼う黒色の豚だが、ナーンの街で売っている白色の改良品種の豚を購入してきて食することがまれにある。白色の豚は畜産的な品種でいうとランドレースの類に相当する。L 氏は、祖先祭祀の際には黒色の豚が好ましいし、黒色の豚でしか儀礼は行ったことがないという。しかし、別に白色の豚でも儀礼を行うことはできると考えている。つまり人々は普段は黒色の豚を飼いながら、急な入用の場合に臨機応変に白色の豚を利用している。例えば、急に村人が亡くなって葬送を行う必要があり、その時に飼っている黒色の豚では、量が十分でないときなどである。

　人々が白色の豚を村内で飼わない理由については、白色の豚は改良品種であ

写真 7 - 5　バイクを使って集落を訪問して食料品を販売する人と、購入する人のようす（HY 村、2006 年 3 月）

り普段黒色の豚に与えている餌では白色の豚は飼えず、街で売っている豚用の餌を買って与えねばならないと人々が考えていることが挙げられる。HY村で飼われている黒色の豚は、耳が小さく成体も小型な、「小耳種」と呼ばれる在来の類である（黒澤 2005）。これに近年は黒色であるが耳の大きなデュロックの系統などの改良品種がまざりつつある。とくにモンの正月の時期には、ナーンの街からタイ系民族の行商人がピックアップ型の車にデュロックの系統の豚をのせて売りにくることがある。このような際もオスは去勢されているし、メスを買ってもそのまま屠ることから、HY村で飼われている豚と遺伝的に混ざる可能性は低い。ただし購入したメスをなんらかの理由から屠らず、再生産用に飼う場合には遺伝的に混ざるため、この経路から少しずつ改良品種の遺伝子がHY村の豚に入ってきている。

HY村のなかでもキリスト教の世帯は祖先祭祀を行わなくてよいとされている。そのためキリスト教世帯では豚や鶏を供犠することはない。しかし、彼らは豚や鶏を飼わなくなるわけではなく、鶏は日常的に食べることがあるし、正月祝いやクリスマスの機会に豚と鶏を屠って食べている。また、若者を中心に勉学や出稼ぎ、あるいは都市での労働など、普段は村外で生活する村人が増えていることから、久しぶりに帰村したときに祝宴がもうけられ、豚や鶏を屠ることがある。第6章でも述べたように、従来はなかった祝宴をはじめ、子供の進級の祝いなど、新たな慶事と豚肉を食する機会も増えてきている（表6 − 1）。

HY村の場合、焼畑の土地利用には余裕があり、作物栽培後に植生が回復して藪になり、休閑地として使われていない土地がある。しかし、2000年代後半にトウモロコシの買い取り価格が上昇して栽培が流行すると、2010年代ではかなり畑地としての利用が進んだ[1]。これより、牛を放牧できる場所が少なくなり、牛を飼うことが難しくなる状況となった。L氏のようにライチ畑をタケ柵で囲い牛を放しているような事例は、HY村内に他にもいくつかあり、飼育は継続できているが、ライチ畑をつぶしてトウモロコシ畑にしてしまえば牛を飼うのは難しくなる[2]。牛は儀礼利用が頻繁にはなく、主に換金用として飼われている。ただし、放牧地と作物栽培地が競合関係にあるために、他の生業との関連も含めた村あるいは世帯に固有の飼う空間（放牧可能な土地）条件が牛を飼う文化の成立と関係している。

注

1) HY 村の人々がナーンの街の買い取り所に売るトウモロコシ価格は 1kg あたり、2005 年約 3
   バーツ、2006 年 4 ～ 5 バーツ、2007 年 6 ～ 7 バーツ、2009 年約 8 バーツ、2010 年約 7 バー
   ツ、2011 年約 9 バーツ、2012 年約 9 バーツとなっている。買い取り価格は、買い取る時期や、
   買い取り時点でのトウモロコシ粒の乾燥程度により幅がある。よく乾いていると価格がよ
   い。なお、バーツの価値は、対円の換算で、おおよそ次のように推移している。2005 年か
   ら 2006 年にかけては 1 バーツ 3 円前後であったが、2007 年に 3.5 円を一時的に超えた。そ
   の後、2008 年から 2011 年までは再び 3 円前後で推移し、2012 年には一時的に 2.5 円になり、
   2014 年に再び 3.5 円を超えたあとは、2022 年まで 3.5 円前後で推移している。
2) ライチの買い取り価格は 2000 年代以降長期にわたり低く、ナーンの街まで売りに行っても
   車のガソリン代で利益の大部分がなくなる程度の収入にしかならないことから、HY 村の
   人々も売ることはほとんどいない。

第8章
考察：モンの生業文化とその動態

ここでは、第7章までに述べてきた内容を踏まえて、モンの人々の生業文化（とくに豚を飼う文化）に生起している変化・変容といった文化の動態について考察する。

8−1　豚を飼う文化の動態モデル

まずは、本書で示した事例から導きだされる豚を飼う文化の動態モデルについて考える。モンを含むタイ北部山地に暮らす農耕民の人々が、豚を飼う環境は1960年代（Geddes 1976）と1970年代（Visitpanich and Falvey 1980、Falvey 1981）には「放し飼い（free-range）」であることが報告されている。しかし本書で示した2000年代の事例では、豚を飼う環境は「小屋」や「囲い」による「ゆるやかな舎飼い（semi-confined）」であった。このように人々が豚を飼う環境は、近年「放し飼い」から「ゆるやかな舎飼い」へしだいに「舎飼い化」してきている可能性がある。

このような飼う環境の変化は、交配管理や餌管理にも影響していると考えられる。つまり、「放し飼い」から「ゆるやかな舎飼い」になることで非人為交配が少なくなり人為交配が増え、「放し飼い」時には可能であった豚自らの探餌が行われなくなり、「ゆるやかな舎飼い」になることで、給与する餌の量が増えているという変化が推察される。このような、豚を飼う文化に与えたインパクトは、上のような飼育環境、交配管理、餌管理にわたる、幅広い変容であると推察される。

飼う文化の分類

　本書で示した豚を飼う文化について、各戸レベルの状況をまとめると、次の4つの形態に分類できるだろう。それは、「生産・利用」型、「肥育・利用」型、「利用特化」型と「非利用」型の4つである。そして、HY村の事例からは、「生産・利用」型が主要で、次いで「肥育・利用」型が存在し、少数の「利用特化」型と「非利用」型が存在した（図8－1）。このような豚を飼う文化を上記の分類モデルで考えた場合、状況は変容してきたと考えられる。すなわち、かつては「生産・利用」型がより多く、「利用特化」型や「非利用」型はあまりみられなかった可能性が指摘できる。

　この豚を飼う文化に変容をもたらしているものに、改良品種の存在があることは、第7章で既に指摘した。現在まで、HY村の事例においては、改良品種は飼われるには至らず、取引により入手し、畜殺により利用されるにとどまる。この背景に、改良品種を飼うには市販の配合飼料が必要であるとの人々の考えがあり、自給的餌と在来品種の豚の組み合わせによる、長年行われてきた豚を維持する仕組みの存在が、改良品種を導入しない理由となっている。

　そして、宗教的機会を中心とした自給的利用が維持されていることを含めて、モンの豚を飼う文化が在来品種を維持し、改良品種が容易に飼われない要因となっていると考えられる。とくに、改良品種の利用が婚礼や葬送といった村民が広く参加する機会ではみられるのに対して、近い親族が参加して行われ

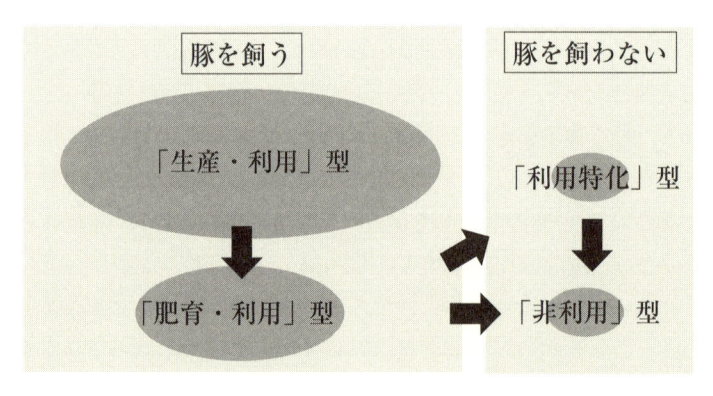

図8－1　豚を飼う文化の動態モデル：タイにおけるモンの事例から
出所：筆者作成

る祖先祭祀の儀礼では改良品種ではなく、在来品種が利用されることから、在来品種と祖先祭祀の儀礼の組み合わせの存在も重要な要因であろう。つまり、パプアニューギニアでみられる Rappaport（1968）が示したような大規模な利用ではなく、モンに固有の儀礼での小規模かつ、ある程度定期的な利用が、豚を飼う文化の維持に関して重要と考えられる。

　この改良品種の存在は、金銭的余裕と運搬手段としての車両があれば入手できるという、豚利用の意思決定に新しい選択肢を加えている。また車両の普及は、改良品種だけでなく、豚の取引全体を容易にしたと考えられる。この影響により各戸レベルの豚飼育では、「生産・利用」型が減少し、「肥育・利用」型が増加している可能性がある。

　以上のように本書で示した豚を飼う文化とその動態モデルを考えた場合、宗教的機会の維持により豚の利用量は変化しないなかで、改良品種の出現と、取引における運搬手段としての車両の普及の影響により、「生産・利用」型が減少し、「肥育・利用」型が増加した、動態モデルが提示できる。

大規模飼育のはじまりとその影響

　表3－1に示したように、ナーン県内のモンの村を概観すると、一部の村（番号17、18、19の村）で豚を飼う割合は低くなっている。この村はかなり特異な状況下にあるモンの村で、人口規模も大きく（3村の集合：PKP村と呼ぶことにする）、プアというタイ族の街に近い場所に立地し、豚の調達の外部化、すなわち「利用特化」型がかなり多い状況と考えられる。豚を飼う場合も、精米機を用いて精米業を営むと同時に、副産物として大量に発生する米ぬかを豚の餌に利用することで、大規模な豚飼育がなされている。このような精米機という機械の導入により、餌の豚を確保する条件が大きく変化し、大規模に豚を飼うことが可能になる事例は、タイ北部のモンの一部の村で、同時多発的に生起していると考えられる。

　筆者もナーン県ではなく、ペッチャブーン県（図3－8参照）ではあるが、精米機を利用して餌を調達し、再生産用の雌豚を10頭前後の規模で飼う事例を確認している（中井2016）。このペッチャブーン県の村（KN村：実質は11村の集合）は人口が約5000人（2014年）と、上記のナーン県のPKP村とも似た特異な人口

規模の村である。このペッチャブーン県の KN 村の事例では、ある人物が 1990 年代半ばに中古の精米機を入手したことを契機に大規模飼育を開始していた。精米機を動かし続けるには、動力となる油代を確保する必要があり、豚を売り収入を得続ける必要がある。このような「飼育の産業化」、いわゆる近代的な養豚業に近い営みのはじまりとともに、モンの豚を飼う文化は変容すると考えられる [1]。先に示した分類を用いると、村内で従来からの「生産・利用」型が減少し、「肥育・利用」型が増え、さらには「利用特化」型が大部分を占めるようになる変容である。なお、本書で筆者が示した HY 村の事例では、2010 年代末においても当該村や近隣村で大規模な飼育は行われていない。ゆえに本書で示した「生産・利用」型が、引き続き卓越する状況が続いていると考えられる。

8 - 2 豚を飼う文化の比較

繰り返しになるが、改めて本書で示した、HY 村のモンの人々が豚を飼う事例の詳細について、その実態をまとめると次のようになる。

豚を飼う世帯は約 84%の割合を示したが、実際に豚の再生産を行った世帯は約 6 割であった。これにより豚を維持するには、何らかの取引が行われる必要があった。そして豚を食する機会の詳細を確認すると、利用された豚の 4 割は他家由来の豚だった。人々が、このような他家由来の豚を入手する場合、無償で村内および村外の親族から入手するのか、有償で村内および村外の非親族から入手するのか、という選択肢の中で意思決定を行っていると考えられたが、結果からは、村内であっても非親族は有償で、村外であっても親族は無償で入手している傾向が示された。

豚を生産した家は、のべ 23 頭の豚を他家へ提供したが、同じ期間に畜殺した豚は 52 頭であったことは、豚を飼う目的が主に畜殺にあることを示している。そして豚を生産しない家においても供犠は行われ、先に示した「肥育・利用」型あるいは「利用特化」型がこれに相当し、この分類の存在背景には、親族間の取引が重要な要素としてみられた。

モンの儀礼は、パプアニューギニアの事例から Rappaport（1968）が報告するような一度に大量の豚を畜殺するような儀礼ではなく、1 回の儀礼では親族が

共食する量（1頭から2頭程度）が畜殺される。またモンは各戸が年に1度の宗教的機会（祖先祭祀と正月の2つ）で主に豚を畜殺するため、豚を共食する機会は親族の各戸が宗教的機会をもうける数だけある。

モンの人々が豚を飼うために不可欠な餌については、野生・栽培バナナ植物体を中心とする餌の仕組みが存在していて、外部社会から購入される、いわゆる配合飼料は基本的には存在しない。人々は豚の餌のために村周辺の自然資源や農耕産物を利用し続けてきたが、地域の植物生態はこの利用を維持できる程度には回復する能力を有してきたと考えられる。この視点が、宗教的な理由（イスラーム地域や奈良時代から江戸時代までの日本等）の場合を除いて、アジアのモンスーン地域で広く豚が飼われてきた背景にあるだろう。

そして人々の豚の生殖管理に注目すると、血縁や地縁関係などの社会関係を利用した繁殖雄の貸し借りが認められた。これはとくに豚を再生産する家で重要であり、親族集団や村全体の状況をみて、なんらかの調整がされてきたと考えられる。また、社会関係を利用した豚の取引が可能な状況が、「肥育・利用」型の存在を可能にしている等、モンの人々が豚を飼う営みは、儀礼といった宗教的要素だけでなく、社会や経済的要素とも関係する、文化複合と呼べるものとして位置づけられる。

表8-1に、本書のモンの事例との比較の試みとして、台湾・蘭嶼島のヤミの事例（野林2009）、パプアニューギニア高地のツェンバガマリンの事例（Rappaport 1968）、パプアニューギニア高地・タリ盆地・フリの事例（梅崎2000）、パプアニューギニア高地・南部高地州・ボサビの事例（小谷2021）を、並べて示した。

飼う環境について、5つの事例ともに域内の自然資源を利用した自給的な生業であることは共通している。とくに蘭嶼島の事例は、海の資源の利用もあるが、陸の資源については島であるため範囲が明確である。そして、5つの事例ともに、放し飼いが程度の差はあれ確認できる。パプアニューギニア高地は、サツマイモ栽培が卓越して、人間の食用と豚の餌用のせめぎ合いが特徴である。梅崎（2000）は放し飼いする場合は、他の家のサツマイモ畑を荒らさないように配慮する必要があることを指摘している。このサツマイモは蘭嶼島のヤミにおいても主な餌となっており（野林2009）、比較すると、米ぬかやトウモロコシなど穀物由来の餌を利用するモンの事例の特徴が確認できる[2]。サツマイモ

表8−1　農耕民が豚を飼う文化の民族誌事例比較

モデル名		調査時期	飼育規模	飼育環境	餌	繁殖雄の所有	利用形態		定期性	
							機会	1回の利用量		
東南アジア大陸部	タイ北部・モン	2005-2006	1戸が数頭	舎飼い、ときどき放し飼い	バナナ葉・茎、米ぬか、トウモロコシ	制限なし（ある程度親族の年長者の世帯が所有の傾向）	各戸での祖先祭祀と正月祝い	小規模：10人が2頭程度	○	筆者
東アジア	台湾・蘭嶼島・ヤミ	1990年代	1戸が最大5頭前後	舎飼い、放し飼いの個体頻繁にあり	サツマイモ、サトイモ、米、魚、肉等、サツマイモの葉や蔓等	将来的な祝宴が予定されている世帯	トビウオ漁の開始時儀礼。家族用の滋養食。祝宴の主催時	トビウオの儀礼は子豚。祝宴は参加者の規模による。	△	野林（2009）
オセアニア	パプアニューギニア高地・ツェンバガマリン	1962-1963	人口204人で169頭を飼育	放し飼い	サツマイモ	集団のリーダー	村全体規模の祖先祭祀	大規模：200人が150頭程度	×	Rappaport（1968）
オセアニア	パプアニューギニア高地・タリ盆地・フリ	1993-2000	ヘリ地域は1人あたり0.6頭、ウェナニ地域は1人あたり1.2〜1.5頭	舎飼いと放し飼い	サツマイモ	n.d.	婚資・戦争補償	男性1人が死亡の場合の戦争補償として、成熟した豚90頭と成熟前の豚180頭。婚資として成熟した豚18頭と成熟前の豚9頭	×	梅崎（2000）
オセアニア	パプアニューギニア高地・南部高地州・ボサビ	1998・1999、2003、2006	150人31世帯が77頭を飼育（1999年）。村内の子豚は12頭、村外の豚は65頭（雄26頭、雌39頭）。1人あたり0.51頭	子豚は足に縄を付けられて所有者と行動を共にして、人づけする。半年から1年後には、村外に放たれ、放し飼いされる	サツマイモ（1970年代から）	雄はすべて去勢される。雌は野生の雄と交配する	婚資（1970年代から）、消費（「自分の豚を食べてはいけない」という規範がある。購入あるいは分配された豚、もしくは狩猟された野生の豚が分配され食される）、販売	婚資（数頭、最大で8頭）	×	小谷（2021）

出所：筆者作成

　を栽培するには、園芸的に土を耕してのマウンドを作成する必要があるが、焼畑農耕を行うモンの人々がマウンドを作成してまで栽培するものは、自給用の野菜類程度である。なお、パプアニューギニア高地での人々の主食となり重要な豚の餌にもなっているサツマイモ栽培は、約250年前にはじまったと推定されている（梅崎2000）。この地域の文脈で、サツマイモの出現が人々の生活を変えたことを指してサツマイモ革命と呼ばれることもある（Watson 1965）。いっぽ

う、パプアニューギニアでも高地周辺の森林が残る地域の集団は、サゴデンプンを食べてきた人々であり、サツマイモ栽培は1970年頃から始まり、豚を飼う場合も、生後半年間ほど人づけした後には森林で放し飼いされ、交配も森にいる野生の豚の雄との間でなされるなど、豚の餌をサツマイモに依存する程度は低い（小谷2021）。

　人と豚の関係を規定する、飼う環境と餌の問題は、人々の生業の変容と密接に関連した動態的なものであることが、ここからも理解できる。パプアニューギニア高地におけるサツマイモを介した人と豚の関係は、約250年前から形成された可能性があり、アジアにおけるトウモロコシを介した関係も、400年ほど遡れる程度であろう。では、長らく行われてきた、アジア各地での長いドメスティケーションの期間中の、餌を介した人と豚の関係はどのようなものだっただろうか。米ぬかをもたらす稲作は数千年の長い期間の関係が想定されるが、あるいはバナナの葉茎といった餌を介した関係は、モンスーンアジア地域の文脈では、より古い可能性がないだろうか。

　豚の利用については、アジアの文脈では、集団が求める儀礼の規模や宴会の規模が、必要な豚の数と関係しそうである。そしてそれが定期的な儀礼であるほど、集団の生業文化として明確になりやすいだろう。いっぽう、オセアニアの文脈を視野に入れると、集団にとっての豚の価値が非常に高い事例もある。パプアニューギニア高地では、婚資や戦争補償としてなくてはならないものとなり、その必要量・利用量も大規模になっている（梅崎2000）。ただし、パプアニューギニアにおいても、集約的なサツマイモ栽培による環境改変がなされて、人口増加と共に豚に強く依存する状況がある高地と異なり、高地周辺の森林環境と狩猟できる動物が残る集団は、豚への依存は相対的に低く、婚資としての豚の利用も1970年代以降に始まっている（小谷2021）。これらのことは、「交換財」の枠組みに豚が置かれる時、その示す価値が動態的であることを示している。

　儀礼利用の比較をすると、近い親族を中心とした定期的で小規模な儀礼利用が頻繁にあるモンと、時期が未定な集団を挙げての大規模な利用があるマリン（Rappaport 1968）は対照的である。豚という生き物が、異なる社会の文脈に置かれたとき、その社会における儀礼と宴会の規模と性質が異なる状況の反映とし

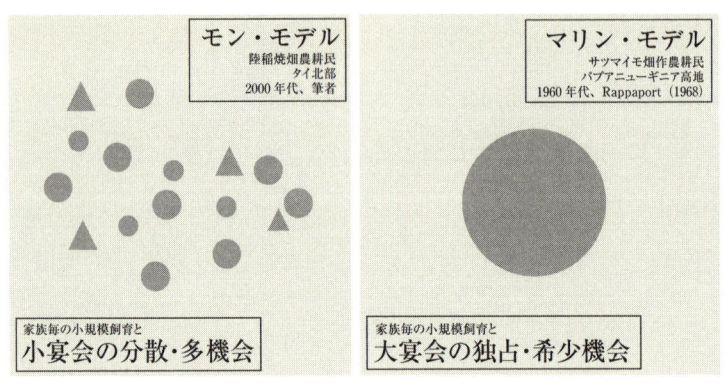

図8-2　豚の利用機会と社会における儀礼・宴会分布の比較モデル
出所：筆者作成

て、利用され食される状況が異なると理解できる（図8-2）。これは社会における
リーダーシップと祭りの主催が関わる、広い意味での人と家畜の統治の問
題でもあるだろう。

　なお、パプアニューギニアの高地でも、東部では Rappaport（1968）が示した
ような儀礼での大規模な利用があるいっぽう、梅崎（2000）が示したタリ盆地な
ど、他の地域の人々は婚資や戦争補償に利用している。あわせて、必要な豚の
量の急増（戦争補償の場合、1970 年代には 75 頭で十分であったが、1990 年代には 180
頭が必要）や、キリスト教の導入による対応の違い（豚を飼うことをやめる集団と
維持する集団）など（梅崎 2000）、地域や民族集団による豚利用の多様性とその背
景の問題、さらには時代の推移にともなう変容には、多くの不明点が残されて
いる。

8-3　新たな環境への適応過程：生業文化と定住化

定住化の過程：国家と開発

　中国南部を故地として移住を繰り返して、移住先での焼畑を生業としてきたモ
ンの人びとであるが、筆者が把握できた彼らの 20 世紀以降の断片的な経緯と現
在の様子から、彼らの移住と新たな環境への適応過程について以下に考察する。
　モンの人々の生業に影響を及ぼしたものとして、大きくは、国家間の戦争（イ

ンドシナ戦争）、国家の法律の適用（ケシ栽培と森林伐採の禁止）、行政の政策（定住化など）、といった政治的な要因が第一に挙げられる。事実関係を補足すると、タイにおいてケシ栽培の禁止は1958年に（取り締まりの強化は1980年代以降に）、商業的な森林伐採の禁止は1989年に、それぞれ法律が成立している（吉野2014）。そして定住化の政策は、公衆衛生局により1959年から始まり、1960年代初頭にパイロットプロジェクトがチェンマイ県などで試みられた後、次第に各地で実施されている（Sabhasri1978）。

　本書で示した事例は、いわゆる近代的な開発政策の恩恵（電力、学校、保健所、道路）を受けようと、1980年にHY村に移り、その後は定住しつつある人々の姿であるが、アメリカへの移住の可能性など、他の選択肢もあったなかでの結果である。第3章の図3－9に示したように、BK地点からPK地点、そしてHY村に至るまで、主たる生業は焼畑での陸稲栽培で、これについては継続している。いっぽうで換金目的の作物栽培はケシから、トウモロコシなどに変化していて、市販の種や除草剤・化成肥料を使った、傾斜地の常畑利用も始まっている。家畜飼育と儀礼利用については、定住化の影響は作物栽培と比較すると少ない状況で続いている。ただし、病気治療の儀礼は保健所の導入後に頻度が減り、慶事の家畜利用は多様化（子供の進級、クリスマス、村長就任の機会、等の出現）する方向に変化している。

　この定住化の過程には、道路の整備と関連して、森の中のある程度閉じた環境から、外部社会とのつながりが増えてゆく現象が含まれている。家畜の飼育頭数の比較から若干検討すると、1970年代のモンの調査から、Keen（1978）は、例えば人口が400人の村には800頭の豚がいて、人口の2倍の豚を飼うことを述べている。これに対してHY村の事例は、第7章の表7－1に示したように、80人が48頭を飼育していて、人口の約6割である。これを、1970年代の森の中の閉じた環境から、2000年代の、引き続きある程度森の中だが、道路沿いに定住した環境への変化の結果とみなすには、家畜を供犠する儀礼の頻度や村外との取引の状況など多面的な比較検討が必要である。ここに、断片的にしか得られない集団の過去の状況と、民族誌的にある程度豊富に得られる現在の状況を比較して変化を論じることの困難さがある。

　過去の集団の移住がどの程度自発的なものであったかについての評価は、例

えば、人々の定住化が自発的であったとする指摘が、カレンの例（1920年頃）において示されている（飯島1971）。その際には、タイ系民族から水田稲作の技術を学び、同時に土地の所有観念を得たという。ミャンマーからタイ北部の西側の山地へと移住してきたカレンについて、「1960年代後半から1980年代が、移住の終わりと定住の始まりの時期」「1990年代には定住が決定的となった」という見解（吉松2016:266）は、本書のHY村の例と時期的におよそ重なる。なお、吉松（2016）はタイのチェンマイ市から西に約40kmの山中に位置する、カレン（スゴーカレン）を1980年代後半から調査している。支流ごとに村を形成し、1つの支流が彼らの世界であったが、人口が増えて新たな水系を求めた移住が困難になったという。そして、定住化の際に、それまでの移住を促す信仰と矛盾のない、新たな信仰を選ぶ必要があり、それが仏教やキリスト教への改宗につながったことを指摘している（吉松2016:304-307）。このほか、増野（2009）は100年以上の歴史のあるタイのヤオ（ミエン）の村の事例から、人々の出入りはあるが誰かは残り、村が続いてきたことを述べている。そしてよりよい土地を求めているが、他民族との関係や政策との関係で、山地で暮らすほかなかった、と考えることが適当と指摘している。

　筆者の見解もこれに類似するが、村に残った人を見て定住が続いてきたとみなすか、移住していった人を見て、移住が続いていたとみるか、集団レベルでの定住を評価する際の複雑さが示唆される。このような、定住化との関係で生起した思想の変化の問題（信仰や所有の概念など）は、とくに生業との関わりからさらに検討される必要がある（HY村の例は利用権の概念）。

生業の域内多様度の形成

　先述のように、中国南部を故地とするモンの人々の一部は、18世紀まで（図3－7）、そして19世紀以降（図1－1）と、移住と移住先の新たな環境への適応を繰り返してきた。その帰結として、現在のタイ北部（図3－8）あるいはナーン県（図3－2）における、モンの村の分布状況は考える必要があるだろう。本書で生業の詳細を示したHY村のモンの人々も、1950年代のBK地点から、1960年代にはPK地点、そして1980年にHY村の地点と、移住先の環境への適応を経てきた（図3－9）。

　なお、タイ周辺に到達していたモンについて、定住化が進む前の移動の状況
は、1960 年代のラオス・サイニャブリー県の事例から、親族集団単位での離合
集散のようすを示した Lemoine（1972）が、上記に示した BK 地点から PK 地点
への移動と近い時期の記録として参考になる。1960 年前後というインドシナ戦
争の影響が強くある時期の記録であり、焼畑での陸稲やケシの栽培という生業
維持の必要性による移動と、戦闘の混乱を避ける安全性を考慮した移動とい
う、2 つの要素の影響を少なくとも含んだ結果と考えられる。そしてケシ栽培
に適していた PK 地点（標高約 1000m）から HY 村（標高約 700m）への移動には、
ケシ栽培が次第に難しくなるにつれて最優先事項ではなくなり、ケシ栽培の適
性よりは、行政が主導するインフラ整備（電力、学校、保健所、など）への期待が
影響している。

　1980 年に成立した HY 村は、その後、定住化の過程にあり、2020 年代までを
含めれば、既に 40 年以上の時間が経過している。ここでは生業文化、とりわけ
家畜を飼う文化の変容を、改めて自然環境との関わりの視点から整理する[3]。

　本書で示した、ナーン県内の 26 のモンの村の立地（図 3 - 2）と、人口およ
び生業の概要（表 8 - 2）を改めて確認すると、その域内で形成された生業の多
様度（多様性の程度）が理解できる。表 8 - 2 に、表 3 - 2 を元にして、各村の
状況を集落標高順に並べた表を示した。ここでは、集落標高が 1000m 以上を A
グループ（6 村）、400m 以上 1000m 未満を B グループ（13 村）、400m 未満を C
グループ（7 村）と便宜的に分類した。もちろん集落標高が、その村の領域の標
高幅に対応するわけではないが、その村が展開する領域の標高の目安にはなる
だろう。

　いずれの村も農耕と換金作物栽培が基盤であることは共通しているが、家畜
を飼う状況に、ばらつきが確認できる。例えば、牛飼育が盛んな村が A グルー
プと B グループの一部にあり、C グループにはないことが理解できる。HY 村
（Huai Yuak、番号 1、B グループ）の事例では、第 7 章で述べたとおり、トウモロコ
シの買い取り価格が上昇して栽培が流行すると、畑地の利用が進んで、牛の放
牧場所が少なくなり、牛を飼うことが難しくなる状況があった。このように、
モンの牛飼育は放牧地が潤沢でない場合は、他の換金作物の状況に従属的な側
面がある[4]。

表8−2 タイ北部ナーン県内のモンの村における集落標高順にみた人口および生業

分類	番号	村名		集落標高 (m)	戸数 (n)	人口 (n)	主要換金作物				豚飼育 (%)	牛飼育 (%)
							Co	Gi	Ca	Ma		
A	21	マニプッ	Mani Phruk	1350	151	1371		○	○		80	60
	12	ドイティウ	Doi Tiu	1200	186	1327	○				60	13
	13	クンサタン	Khun Sathan	1200	200	900	○		○		80	2
	14	センソン	Sen Son	1200	200	950	○		○		40	2
	22	パンケ	Pang Kae	1150	340	2040	○		○		40	9
	26	パンゴップ	Pang Kop	1050	9	67					100	89
B	8	キウナム	Kiu Nam	900	30	210	○				80	100
	9	ナムトゥアン	Nam Tuang	800	180	1327	○				80	83
	10	ボホイ	Bo Hoi	700	160	900	○				80	1
	11	パクディタム	Phak Di Tham	700	170	900	○				40	1
	1	フアイユアック	Huai Yuak	700	90	714	○				80	3
	24	タムウィアンケ	Tham Wiang Kae	700	168	1200	○				80	6
	25	パーミー	Pha Mi	700	180	1159	○				100	6
	2	フアイナンニュ	Huai Na Ngiu	600	50	309	○				80	4
	7	ロムガオ	Rom Klao	600	140	964	○				60	36
	3	タキアントン	Takhiang Thong	550	64	318	○				80	11
	4	パンプイ	Pang Poei	550	196	1800	○				40	3
	15	ドンプライワン	Don Phrai Wan	550	116	782	○				40	9
	16	パンチャン	Pang Chang	400	69	512	○				40	12
C	5	ソンクエー	Song Khwae	350	250	1770	○				80	0
	6	マイチャルンスク	Mai Charun Suk	350	130	730	○				80	0
	17	ナムプン	Nam Poen	350	200	1508				○	10	1
	18	スアンサイ	Suan Sai	350	310	2200				○	10	1
	19	カンホー	Khang Ho	350	312	1970				○	0	0
	23	ナムソット	Nam Sot	350	79	700	○				40	13
	20	ソッペッ	Sop Pet	300	269	1820	○			○	80	0

注1）標高は集落中心地の高度を示す。
注2）主要換金作物について、Co はトウモロコシ、Gi はショウガ、Ca はキャベツ、Ma はマンゴーを示す。
注3）戸数と人口、および牛飼育の割合（村内の飼育戸数）は、各村の村長等への聞き取り結果に基づく。
注4）豚飼育の割合は各村ごとにランダムに選んだ 5 戸への聞き取り結果を示す。
注5）本書の表 3 − 2 を元に集落標高順に並べた。集落標高 1000m 以上を A、400m 以上 1000m 未満を B、400m 未満を C と分類した。
出所：筆者の現地調査（2010 年 9 月、2011 年 2 月、9 月、2012 年 2 月）

　先に定住化の進展による、豚を飼う環境の「舎飼い化」を指摘した。すなわち「放し飼い」から「ゆるやかな舎飼い」になることで、豚の探餌機会の減少と、人々による給与餌量が増えている可能性がある。あわせて HY 村の場合、

定住化により、人々が望んだ電力や保健所を 1990 年代には得ている。これにより、衛生観念がある程度入り、集落内で家畜が糞をまき散らす「放し飼い」を汚いもの、とみなす考え方が強化される方向にある。しかし鶏と豚はともに、小屋での飼育管理がある程度なされるが、徹底されない状況である。これは、衛生観念の高まりと、放し飼いの肉の味を評価する価値観の維持という、2 つのはざまに人々がゆれて存在する結果として、飼育管理はゆるやかなままにある、と考えることができる。

　そして、C グループに含まれる PKP 村（番号 17、18、19 の 3 村の集合）と他村を比較した時に、PKP 村の特異性とともに、域内で形成された生業の多様度（多様性の程度）の幅が確認できる（表 8 - 2）。PKP 村は人口規模が他と比較して大きく、豚を飼う割合は極端に低い。換金用のマンゴー栽培が特徴的だが、これは仲買いの仕組みを含め、広くは行政の影響もある中で成立している。すなわち、ナーン県内のモンの生業の多様性は、PKP 村とその他の村にまず大きく 2 分される。そしてその他の村々は、集落の標高により換金作物の種類に多少差がある、また、放牧地の多寡で牛飼育の可否が決まる、という原理に基づく多様性のなかに基本的にはあると考えられる。

　20 世紀後半のインドシナ戦争を経て、移住後の定住化の進展とともに、ケシ栽培の禁止が強化され、それぞれの村の生業の多様化は進んできたと考えられる [5]。この過程で、「動力の機械化」の影響は大きく、これにより馬は車・バイクに代わり、従来から水田は少なく水牛はわずかであったが、耕運機の導入で水牛は飼われなくなった。いっぽうで、鶏と豚を飼う文化は、先に述べた変容過程（一部での精米機利用による大規模飼育の開始など）にあるが、マクロな社会変化からの影響は馬・水牛と比較して小さい。これは、祖先祭祀と正月祝いという年次定期な利用が主にあり、この利用が集団統合のための儀礼や宴会という、宗教や社会に関わるモンの民族文化に基づいていることに拠ると考えられる。今後、タイのモンの人々の生業文化は、国家あるいは県の行政の影響が強まる中で、さらに多様化することが想定される。本書で示すことができた生業文化の多様度は、移住を経てきた集団が定住化の過程で示した諸変容により形成された、ある時期の部分的な記録とみなすことができるだろう。

人類史における定住

　最後に、人類史における定住の意味について、考古学（縄文時代等）の成果に拠る視点を参照して、若干の考察をする。西田（1986）が示したのは、遊動や定住することの機能や動機は、5つの視点（1 安全・快適、2 経済、3 社会、4 生理、5 観念）に整理できるというものである。本書のモンの民族誌事例の場合は、1の安全と2の経済の要素において、1を優先し、かつ2も得るための移動であったとみなせる。そして2において、ケシ以外の代替えの探究と、西田（1986）が想定していない近代的制度（インフラ）が優先された、とみなせるだろう。もちろん西田（1986）は縄文や弥生の時代の定住を考える目的で上記の視点を示している。近代的制度を、都市由来の制度あるいは国家由来の制度と荒く言い換えるなら、弥生時代以降に出現したものを指し示している。

　渡部（2019）は特定の場（物質文化：神殿等）へのこだわりから、定住の問題について検討している。本書の事例では、近代的制度（インフラ）の魅力が関係していたが、聖的な物質という特徴を有するかの判断が問題となる。むしろ巨大な道具と考えるほうが適切であろう。ナーン県内のモンの村で生起していた生業の多様化は、2の経済における変形（variation）の話であり、少なくとも、村の場所（立地）と資源（土地）と政治が関係している。ここで、個人が持つ情報や思考の差異、そしてその差異と関連した異なる行動の民族誌事例があれば、3の社会の変形の話となる。本書では第7章でL氏の親族の事例から若干述べているが、村の場所を設定する時の親族の長の話がこれに相当する。

　渡部（2019）は、定住する契機は生業や環境のみから説明することは難しく、例えば日本の縄文時代の事例は、農耕や牧畜と関係なく定住化したものであり、寒さ対策の竪穴式住居と土器の利用が定住化進展の要因だと説明できるとしている。本書は、現代を生きる焼畑農耕民の生業文化の民族誌事例について、その動態の要因考察を試みたものであるが、人類史における定住の意味を考えるために、民族誌事例からは、どのような貢献が可能であろうか[6]。生業や環境の視点に加えて、西田（1986）が3の社会あるいは5の観念で想定した、物質として残りにくい、場所へのこだわりの民族誌記録とその整理が、少なくとも必要であろう。

注

1) 例えば都市近郊の事例として、タイ東北部のコーンケーン近郊のドンデーン村では、2000年代には1000羽単位の鶏を飼う専業の世帯が一部に現れている（舟橋・柴田2007）。

2) パプアニューギニアの事例から、Kuchikura（1994）はサツマイモの全収穫量に占める豚餌の割合は14～66％の間と述べている。HY村において、豚餌は人の食用分の余剰物（米ぬか、野菜屑）や豚専用の野生植物（バナナ葉・茎）が中心であり、パプアニューギニアのように人の食用分と豚餌分が重なることはほとんどない。しかしトウモロコシは、換金用と豚餌用の間で、次のような利用の意思決定が行われている。HY村では、トウモロコシの収穫は乾季初期の10月頃から行われる。収穫されたトウモロコシの大部分は販売され、一部が豚餌用に保存される。豚餌の詳細を示した家番号4では約1万5000kgのトウモロコシを2006年11月に収穫し（販売価格4バーツ/kg、すなわち約12円/kg）、約300kg分を豚餌用として貯蔵した。これは収穫したトウモロコシの2％のみを貯蔵したことを示し、1年間の豚餌量としては十分でない（乾季の調査結果の12kg/10日間の量から単純に計算すると、1年間では432kg/360日間が必要）。すなわち、家番号4では販売量を減らしてより多くを豚餌用に貯蔵する選択も可能であったが、そのような選択は行わなかったとみなせる。

3) インドシナ戦争の難民となってから、その後のモンのアメリカ等の移住先への適応は、現地の社会環境への適応を中心に、教育や心理の視点から、既に多くの先行研究が示されている（cf. Hendricks et al. 1986、Long 1993、Chan 1994、Géraud 1997、Morrison 1999、安井2001、乾2004、Hein 2006、Hillmer 2010、Vang 2010、吉川2013、Nibbs 2014、Vang 2021）。

4) HY村のモンの人々は作物栽培を優先して、これに忙しい。そのため、牛を飼うことに手間をかける傾向はまれである。HY村においても「放牧適地の減少」は確認でき、これはタイのモンでは標準的な事例と考えている。例えばCrooker（2005）が示すチェンマイ市近郊のモンの事例では、既に放牧可能な土地がなくなり、牛・水牛は飼われなくなっている。

5) 牧畜民の研究においても、国家との関係は、とくに定住化のインパクトが焦点となり、関心が持たれてきた（Salzman 1980、佐藤2002、Fratkin and Roth 2005、孫2012、2019、Ikeya 2017、太田・曽我2019、シンジルト・地田2021）。生業の多様化は、牧畜民の事例においても指摘されている。例えば孫（2019）は、「定住化しても放牧キャンプを維持して、家畜や畜産物を利用した新たな経済機会を活用しようとしている」、あるいは「例えば、市場価値の高いウシを積極的に増やして家畜市を用いて仲買いを行う」と述べている。本書で示した農耕民の生業の多様化に含まれる牛を飼う営みは、生業の複合性が牧畜民より高い状況下での選択肢の1つであるが、自ら所有・維持する家畜の価値を高めるという経済的な意味での方向性という点は共通している。

6) 考古学の視点では、定住と定着を区別して考える研究者もいる（矢野2014）。すなわち、遊動的な生活をして定住していないが、ある地域内から出ることはない場合は定着していると考えて、季節的移動が消失した場合を定住のはじまりと考えている。例えば、季節移動の範囲が半径5km以内となれば、定住して半径5km以内の資源を利用している場合と、資源利用量は同じになると考える場合である。なお、矢野（2014）は年間サイクルに相当する1年を超える期間の視点が、集落の継続性（定着性）の問題になると述べている。あわせて、地域の資源量（食料生産量）を推定できれば継続性が議論できるが、推定できなければ定着性も議論できない、とも述べている。数年以上の期間における、一定地域内の資源利用量についての遊動民の民族誌的な事例は、このような考古学の議論に貢献できる可能性がある。

おわりに

　本書が成るまでには、多くの方々にお世話になった。とりわけ以下の方々に、記して謝意を表する。

　本書は筆者の博士論文（総合研究大学院大学：2008 年）を元に、その後の現地調査を踏まえて大幅な加筆修正がなされている。博士論文研究において主要な指導をいただいた池谷和信名誉教授（総合研究大学院大学、国立民族学博物館）に深く感謝申しあげる。また博士論文を審査いただいた、本郷一美准教授（総合研究大学院大学先導科学研究科）、颯田葉子教授（総合研究大学院大学先導科学研究科）、秋道智彌名誉教授（総合地球環境学研究所、国立民族学博物館、総合研究大学院大学）、馬場雄司教授（京都文教大学）をはじめ、さまざまな場面において指導いただいた緒先生方に感謝申しあげる。

　タイ国での現地調査は、タイ国家学術調査委員会（National Research Council of Thailand）による調査許可を得て行われた。その際にはチェンマイ大学のプラシット博士（Dr. Prasit Leepreecha）にご協力いただいた。博士論文作成時の現地調査に際しては、総合地球環境学研究所の研究プロジェクト「アジア熱帯モンスーン地域における地域生態史の統合的研究：1945-2005（研究代表者　秋道智彌）」に研究分担者として参加し、さまざまなご支援をいただいた。

　また本書は、これまでに筆者が代表あるいは研究分担者として参加した、下記の科学研究費補助金プロジェクト等の研究成果を含むものである。

代表：中井信介、特別研究員奨励費 PD『東南アジア大陸部におけるモン族の生業活動の歴史的動態』課題番号 10J07738、2010 年〜 2012 年度
代表：中井信介、若手研究（B）『生業の域内多様度とその形成過程：東南アジア大陸部におけるモン村落の事例比較』課題番号 26770301、2014 年〜 2016 年度
代表：中井信介、基盤研究（C）『農耕民の生業変化と定住化インパクト：東南

アジアにおけるモンの事例を中心に』課題番号 19K01227、2019 年〜 2024 年度

代表：池谷和信、基盤研究（A）『熱帯地域における農民の家畜利用に関する環境史的研究』課題番号 21251011、2009 年〜 2012 年度

代表：池谷和信、基盤研究（A）『熱帯の牧畜における生産と流通に関する政治生態学的研究』課題番号 26257013、2014 年〜 2017 年度

代表：遠藤秀紀、基盤研究（A）『ポスト古代ゲノム解読期における家畜化概念のヒューマンアニマルボンド的学融合刷新』課題番号 19H00534、2019 年〜 2021 年度

代表：遠藤秀紀、基盤研究（A）『生命受容に基づく人間家畜相互関係の成立と深化に関する学融合的パラダイムシフト』課題番号 22H00013、2022 年〜 2025 年度

代表：遠藤秀紀、国際共同研究加速基金（海外連携研究）『地域残存品種に着目した人と家畜の関係誌の学融合解析と博物館学的インベントリー構築』課題番号 23KK0009、2023 年〜 2028 年度

代表：野林厚志、総合研究大学院大学・学融合推進センタープロジェクト『「料理」の環境文化史：生態資源の選択、収奪、消費の過程が環境に与えるインパクト』2013 年〜 2015 年度

代表：野林厚志、人間文化研究機構・基幹研究プロジェクト『アジアにおける「エコヘルス」研究の新展開』国立民族学博物館ユニット『文明社会における食の布置』2016 年〜 2021 年度

また現地調査では、タイ国ナーン県の調査村（HY 村）で下宿させていただいた、ラー・セ・ラオ氏（Mr. La sae Lao）とそのご家族をはじめ、多くの方々に大変お世話になった。ここに記して謝意を表する。最後に本書の完成に至るまで、さまざまな面において支援いただいた家族・友人に深く感謝する。

初出一覧

　各章の内容は、部分的に以下の論文として発表している内容を元にしている。なお本書においては、各文章に大幅な加筆修正を行っている。

論文
第4章

Nakai S. 2008a Decision-making on the use of diverse combinations of agricultural products and natural plants in pig feed: A case study of native pig smallholder in northern Thailand. *Tropical Animal Health and Production* 40(3):201-208.

Nakai S. 2008b Reproductive performance analysis of native pig smallholders in the hillside of northern Thailand. *Tropical Animal Health and Production* 40(7):561-566.

第5章

中井信介 2011「タイ北部におけるモンの豚飼養の特性とその変化に関する覚え書」文化人類学 76 (3) : 330-342.

Nakai, S. 2012 Pig domestication processes: An analysis of varieties of household pig reproduction control in a hillside village in northern Thailand. *Human Ecology* 40(1): 145-152.

第6章

Nakai S. 2009 Analysis of pig consumption by smallholders in a hillside swidden agriculture society of northern Thailand. *Human Ecology* 37(4):501-511.

中井信介 2013「タイ北部の山村における豚の小規模飼育の継続要因」地理学評論 86 (1) : 38-50.

第 7 章

中井信介 2021「新たな環境への適応過程　タイにおける焼畑民モンの移住と生業変化」稲岡司編『生態人類学は挑む　SESSION3　病む・癒す』京都大学学術出版会 pp.255-281.

参考文献

秋篠宮文仁編 2000『鶏と人　民族生物学の視点から』小学館：東京

秋道智彌 1993「ニューギニアにおけるブタ　狩猟と飼育の比較生態」佐々木高明編『農耕の技術と文化』集英社：東京 pp.309-331.

秋道智彌 2011『生態史から読み解く環・境・学』昭和堂：京都

秋道智彌編 2008『モンスーンアジアの生態史　第3巻　くらしと身体の生態史』弘文堂：東京

秋道智彌・市川光雄・大塚柳太郎編 1995『生態人類学を学ぶ人のために』世界思想社：京都

阿部卓 2002「ジノ族村落の農耕・狩猟採集・家畜飼育　雲南少数民族の一九九〇年代の生産活動」松井健編『講座　生態人類学6　核としての周辺』京都大学学術出版会：京都 pp.121-158.

天野元之助 1949「『齊民要術』と早地農法」社會經濟史學 15（3・4）：39-53.

綾部恒雄 1971『タイ族　その社会と文化』弘文堂：東京

飯島茂 1971『カレン族の社会・文化変容　タイ国における国民形成の底辺』創文社：東京

池田菜穂・小野有五 2004「ネパール・ヒマラヤ東部におけるヤク／ヤク－ウシ雑種の移牧形態と山岳観光」地学雑誌 113（2）：294-311.

池谷和信 2003「地球環境問題への新しい挑戦と文化人類学」池谷和信編『地球環境問題の人類学』世界思想社：京都

池谷和信 2006『現代の牧畜民　乾燥地域の暮らし』古今書院：東京

池谷和信編 2005『熱帯アジアの森の民　資源利用の環境人類学』人文書院：京都

池谷和信編 2009『地球環境史からの問い　ヒトと自然の共生とは何か』岩波書店：東京

池谷和信編 2013『生き物文化の地理学』海青社：大津

池谷和信編 2023『図説　焼畑の民　五木村と世界をつなぐ』千里文化財団：吹田

池谷和信・白水智編 2011『日本列島の三万五千年　第5巻　山と森の環境史』文一総合出版：東京

池谷和信 2012「バングラデシュのベンガルデルタにおけるブタの遊牧」国立民族学博物館研究報告 36 (4)：493-529.

池谷和信 2014「世界の家畜飼養の起源　ブタ遊牧からの視点」池内了編『「はじまり」を探る』東京大学出版会：東京 pp.105-126.

池谷和信 2015「人類による動物利用の諸相　モンスーンアジアのブタ・人関係の事例」松井章編『食の文化フォーラム 33　野生から家畜へ』ドメス出版：東京 pp.88-111.

石井香世子 2007『異文化接触から見る市民意識とエスニシティの動態』慶應義塾大学出版会：東京

石井米雄・桜井由躬雄編 1999『東南アジア史Ⅰ　大陸部』山川出版社：東京

石田寛 1961「農業地域における牧畜」野間三郎編『生態地理学』朝倉書店：東京 pp.1-75.

石山俊 2017『サーヘルの環境人類学　内陸国チャドにみる貧困・紛争・砂漠化の構造』昭和堂：京都

伊谷純一郎・田中二郎編 1986『自然社会の人類学　アフリカに生きる』アカデミア出版会：京都

伊谷純一郎・原子令三編 1977『人類の自然誌』雄山閣出版：東京

市川昌広 2002『サラワク州バコン川流域のイバン村落における生態資源利用に関する研究』京都大学大学院人間・環境学研究科　博士論文

市川光雄・佐藤弘明編 2001『森と人の共存世界』京都大学学術出版会：京都

稲村哲也 1995『リャマとアルパカ　アンデスの先住民社会と牧畜文化』花伝社：東京

稲村哲也 2014『遊牧・移牧・定牧　モンゴル・チベット・ヒマラヤ・アンデスのフィールドから』ナカニシヤ出版：京都

乾美紀 2004『ラオス少数民族の教育問題』明石書店：東京

今村佳子 2022「黄河の羊、長江の豚」菊池大樹・丸山真史編『家畜の考古学　古代アジアの東西交流』雄山閣：東京 pp.121-132.

岩田慶治 1960「北部ラオスの少数民族　特にヤオ族に関して」史林 43 (1)：70-103.

岩田慶治 1967「東南アジア研究の意味　とくに少数民族の諸問題をめぐって」人文地理 19 (6)：634-655.

岩田慶治 1971『東南アジアの少数民族』日本放送出版協会：東京

尹紹亭・林紅 2000『雲南の焼畑　人類生態学的研究』農林統計協会：東京（白坂蕃訳）

上田元 2011『山の民の地域システム　タンザニア農村の場所・世帯・共同性』東北大学出版会：仙台

上野福男編 1986『日本の山村と地理学』農林統計協会：東京

宇京籟三 2000「訳者解説」クロディーヌ・ファーブル＝ヴァサス『豚の文化誌　ユダヤ人とキリスト教徒』（宇京籟三訳）、柏書房：東京 pp.311-316.

梅棹忠夫 1964『東南アジア紀行』中央公論社：東京

梅棹忠夫 1976『狩猟と遊牧の世界　自然社会の進化』講談社：東京

梅崎昌裕 2000「パプアニューギニア高地におけるブタ飼育の現在的意味」動物考古学 15: 53-80.

梅崎昌裕 2004「環境保全と両立する生業」篠原徹編『中国・海南島　焼畑農耕の終焉』東京大学出版会：東京 pp.97-138.

梅崎昌裕 2007『ブタとサツマイモ　自然のなかに生きるしくみ』小峰書店：東京

梅崎昌裕 2023『微生物との共生　パプアニューギニア高地人の適応システム』京都大学学術出版会：京都

蛯原一平 2011「イノシシとの共存　奄美沖縄における狩猟文化誌」安渓遊地・当山昌直編『奄美沖縄環境史資料集成』南方新社：鹿児島 pp.405-438.

王柳蘭 2011『越境を生きる雲南系ムスリム　北タイにおける共生とネットワーク』昭和堂：京都

大島襄二・浮田典良・佐々木高明編 1989『文化地理学』古今書院：東京

太田至・曽我亨編 2019『遊牧の思想　人類学がみる激動のアフリカ』昭和堂：京都

太田淳 2014『近世東南アジア世界の変容』名古屋大学出版会：名古屋

大林太良 1955「東南アジアに於ける豚飼育の文化史的地位」東洋文化研究所紀要 7: 37-146.

大林太良 1960「西部インドネシア塊茎・果樹栽培民の豚飼育」南方史研究 2: 1-54.

大林太良 1999「オーストロネシア語族と豚の民族学」中尾佐助・秋道智彌編『オーストロネシアの民族生物学　東南アジアから海の世界へ』平凡社：東京 pp.339-357.

大山修一 2002「市場経済化と焼畑農耕社会の変容　ザンビア北部ベンバ社会の事例」掛谷誠編『アフリカ農耕民の世界　その在来性と変容』京都大学学術出版会：京都 pp.3-49.

岡恵介 2008『視えざる森の暮らし　北上山地・村の民俗生態史』大河書房：東京

尾崎孝宏 2019『現代モンゴルの牧畜戦略　体制変動と自然災害の比較民族誌』風響社：東京

小谷真吾 2004「バナナとサツマイモ　パプアニューギニアにおける生業変化の事例」歴史評論 650: 40-54.

小谷真吾 2005「ブタはどのようにして現金になりうるのか？パプアニューギニア高地周縁部における生業生態と貨幣経済」国立歴史民俗博物館研究報告 123: 85-102.

小谷真吾 2010『姉というハビトゥス　女児死亡の人口人類学的民族誌』東京大学出版会：東京

小谷真吾 2021『自給自足の生態学　ボサビの人びとのオートポイエーシス』京都大学学術出版会：京都

落合雪野編 2014『国境と少数民族』めこん：東京

落合雪野・白川千尋編 2014『ものとくらしの植物誌　東南アジア大陸部から』臨川書店：京都

柿崎一郎 1998「鉄道整備と新たなる物流の形成　タイにおける豚の事例」アジア・アフリカ言語文化研究 55: 45-72.

柿沼陽平 2021『古代中国の 24 時間　秦漢時代の衣食住から性愛まで』中央公論新社：東京

風戸真理 2009『現代モンゴル遊牧民の民族誌　ポスト社会主義を生きる』世界思想社：京都

風戸真理・尾崎孝宏・高倉浩樹編 2016『モンゴル牧畜社会をめぐるモノの生産・流通・消費』東北大学東北アジア研究センター：仙台

賈思勰撰 1976『校訂訳註　斉民要術　第三版』アジア経済出版会：東京（西山武

一・熊代幸雄訳）

片岡樹 2006『タイ山地一神教徒の民族誌　キリスト教徒ラフの国家・民族・文化』風響社：東京

金沢謙太郎 2012『熱帯雨林のポリティカル・エコロジー　先住民・資源・グローバリゼーション』昭和堂：京都

金丸良子 2005『中国少数民族　ミャオ族の生業形態』古今書院：東京

鹿野勝彦 2004「アジアの山地民の生活世界と地域環境」地学雑誌 113（2）：251-257.

辛嶋博善 2022『現代モンゴルの牧畜経済　なぜ遊牧は持続しているのか』明石書店：東京

河合文 2021『川筋の遊動民バテッ　マレー半島の熱帯林を生きる狩猟採集民』京都大学学術出版会：京都

河辺俊雄 2010『熱帯林の人類生態学　ギデラの暮らし・伝統文化・自然環境』東京大学出版会：東京

岸上伸啓 2006「環境人類学」綾部恒雄編『文化人類学 20 の理論』弘文堂：東京 pp.197-212.

岸上伸啓 2008「文化人類学的生業論　極北地域の先住民による狩猟漁撈採集活動を中心に」国立民族学博物館研究報告 32（4）：529-578.

楠和樹 2019『アフリカ・サバンナの〈現在史〉　人類学がみたケニア牧畜民の統治と抵抗の系譜』昭和堂：京都

久保忠行 2014『難民の人類学　タイ・ビルマ国境のカレンニー難民の移動と定住』清水弘文堂書房：東京

口蔵幸雄 1996「パプアニューギニア高地社会の生業適応　南高地州フリ族の生業活動と食物摂取」岐阜大学教養部研究報告 34: 115-144.

口蔵幸雄 2002「高地周縁部　乏しい資源に生きる山地オクの食生態」大塚柳太郎編『講座　生態人類学 5　ニューギニア』京都大学学術出版会：京都 pp.127-165.

口羽益生編 1990『ドンデーン村の伝統構造とその変容』創文社：東京

倉島孝行 2007『タイの森林消失　1990 年代の民主化と政治的メカニズム』明石書店：東京

黒澤弥悦 2005「アジアの豚の起源と系譜　特に小耳種系豚について」在来家畜
　　研究会報告 22: 65-84.

黒澤弥悦 2014「アジアの辺境に現存する豚」All about SWINE 44: 29-37.

合田博子 2010『宮座と当屋の環境人類学　祭祀組織が担う公共性の論理』風響
　　社：東京

河野泰之編 2008『モンスーンアジアの生態史　第 1 巻　生業の生態史』弘文堂：
　　東京

国家民族委員会民族問題五種叢書編輯委員会編 1981『中国少数民族』人民出版
　　社：北京

湖中真哉 2006『牧畜二重経済の人類学　ケニア・サンブルの民族誌的研究』世
　　界思想社：京都

小長谷有紀 1991『モンゴルの春　人類学スケッチ・ブック』河出書房新社：東京

小長谷有紀 1996『モンゴル草原の生活世界』朝日新聞社：東京

小長谷有紀 2004『モンゴルの二十世紀　社会主義を生きた人びとの証言』中央
　　公論新社：東京

小林茂 1980「奄美諸島の伝統的家畜飼養（一）」歴史学・地理学年報 4: 1-20.

小林茂 1982「奄美諸島の伝統的家畜飼養（二）」歴史学・地理学年報 6: 51-86.

小林茂 2003『農耕・景観・災害　琉球列島の環境史』第一書房：東京

小松かおり 2007a『沖縄の市場〈マチグヮー〉文化誌　シシマチの技法と新商品
　　から見る沖縄の現在』ボーダーインク：那覇

小松かおり 2007b「在来家畜の商品化　沖縄在来豚「アグー」の復活」河合香吏
　　編『生きる場の人類学　土地と自然の認識・実践・表象過程』京都大学学
　　術出版会：京都 pp.365-385.

米家泰作 2002『中・近世山村の景観と構造』校倉書房：東京

米家泰作 2019『森と火の環境史　近世・近代日本の焼畑と植生』思文閣出版：
　　京都

砂井紫里 2013『食卓から覗く中華世界とイスラーム　福建のフィールドノート
　　から』めこん：東京

在来家畜研究会編 2009『アジアの在来家畜　家畜の起源と系統史』名古屋大学
　　出版会：名古屋

桜田育夫 1994『タイの象』めこん：東京

笹岡正俊 2012『資源保全の環境人類学　インドネシア山村の野生動物利用・管理の民族誌』コモンズ：東京

佐々木高明 1970『熱帯の焼畑　その文化地理学的比較研究』古今書院：東京

佐々木高明 1972『日本の焼畑　その地域的比較研究』古今書院：東京

佐々木高明 1989『東・南アジア農耕論　焼畑と稲作』弘文堂：東京

佐々木高明編 1993『農耕の技術と文化』集英社：東京

佐々木高明 2007『照葉樹林文化とは何か　東アジアの森が生み出した文明』中央公論新社：東京

佐々木正雄 1995「畜産」『タイの農林業　現状と開発の課題』国際農林業協力協会：東京 pp.104-121.

佐藤俊 1992『レンディーレ　北ケニアのラクダ遊牧民』弘文堂：東京

佐藤俊編 2002『講座　生態人類学 4　遊牧民の世界』京都大学学術出版会：京都

佐藤仁 2002『希少資源のポリティクス　タイ農村にみる開発と環境のはざま』東京大学出版会：東京

佐藤洋一郎監修（原田信男・鞍田崇編）2011『焼畑の環境学　いま焼畑とは』思文閣出版：京都

佐藤廉也 1999「熱帯地域における焼畑研究の展開　生態学的側面と歴史的文脈の接合を求めて」人文地理 51（4）：47-67.

佐藤廉也 2021「英語圏における焼畑研究の動向に関するノート　2014-2021 年の論文を中心に」待兼山論叢日本学篇 55: 1-18.

篠原徹編 2004『中国・海南島　焼畑農耕の終焉』東京大学出版会：東京

清水郁郎 2005『家屋とひとの民族誌　北タイ山地民アカと住まいの相互構築誌』風響社：東京

白鳥芳郎編 1978『東南アジア山地民族誌　ヤオとその隣接諸種族』講談社：東京

白鳥芳郎 1985『華南文化史研究』六興出版：東京

シンジルト 2021『オイラトの民族誌　内陸アジア牧畜社会におけるエコロジーとエスニシティ』明石書店：東京

シンジルト・地田徹朗編 2021『牧畜を人文学する』名古屋外国語大学出版会：日進

新谷忠彦・C. ダニエルス・園江満編 2009『タイ文化圏の中のラオス　物質文化・言語・民族』東京外国語大学：東京

鈴木継美・大塚柳太郎・柏崎浩 1990『人類生態学』東京大学出版会：東京

鈴木正崇 1985『中国南部少数民族誌　海南島・雲南・貴州』三和書房：京都

鈴木正崇 2012『ミャオ族の歴史と文化の動態　中国南部山地民の想像力の変容』風響社：東京

鈴木正崇・金丸良子 1985『西南中国の少数民族　貴州省苗族民俗誌』古今書院：東京

鈴木佑記 2016『現代の〈漂海民〉　津波後を生きる海民モーケンの民族誌』めこん：東京

鈴木玲治・大石高典・増田和也・辻本侑生編 2022『焼畑が地域を豊かにする　火入れからはじめる地域づくり』実生社：京都

須藤護 2013『雲南省ハニ族の生活誌　移住の歴史と自然・民族・共生』ミネルヴァ書房：京都

須永和博 2012『エコツーリズムの民族誌　北タイ山地民カレンの生活世界』春風社：横浜

瀬戸裕之・河野泰之編著 2020『東南アジア大陸部の戦争と地域住民の生存戦略　避難民・女性・少数民族・投降者からの視点』明石書店：東京

相馬拓也 2014「モンゴル西部バヤン・ウルギー県サグサイ村における移動牧畜の現状と課題」E-journal GEO 9(1):102-119.

園江満 2006『ラオス北部の環境と農耕技術　タイ文化圏における稲作の生態』慶友社：東京

孫暁剛 2012『遊牧と定住の人類学　ケニア・レンディーレ社会の持続と変容』昭和堂：京都

孫暁剛 2019「生計戦略の多様化　社会環境の変化に対するレンディーレの対応」太田至・曽我亨編『遊牧の思想　人類学がみる激動のアフリカ』昭和堂：京都 pp.307-326.

高井康弘 2001「家族農業の放棄と農村的慣行の行方　タイの事例から」社会学雑誌 18: 29-41.

高井康弘 2002「牛・水牛と儀礼慣行　タイ北部・東北部およびラオスの肉食文

化に関するノート」大谷大学真宗総合研究所研究紀要 19: 77-101.

高井康弘 2011「スイギュウ　ヒトの暮らしが変わるなかで　ラオス」季刊民族学 136: 39-45.

高井康弘 2019「ラオス北部地方都市における食肉流通の展開と移住者」大谷学報 98（2）: 1-23.

高井康弘・増野高司・中井信介・秋道智彌 2008「家畜利用の生態史」河野泰之編『モンスーンアジアの生態史　第 1 巻　生業の生態史』弘文堂：東京 pp.145-162.

高城玲 2014『秩序のミクロロジー　タイ農村における相互行為の民族誌』神奈川大学出版会：横浜

高倉浩樹 2000『社会主義の民族誌　シベリア・トナカイ飼育の風景』東京都立大学出版会：東京

高倉浩樹 2012『極北の牧畜民サハ　進化とミクロ適応をめぐるシベリア民族誌』昭和堂：京都

高橋春成 1995『野生動物と野生化家畜』大明堂：東京

高谷好一 1985『東南アジアの自然と土地利用』勁草書房：東京

高山龍三 1989「山地の文化地理」大島襄二・浮田典良・佐々木高明編『文化地理学』古今書院：東京 pp.153-182.

竹内正右 1999『モンの悲劇　暴かれたケネディの戦争の罪』毎日新聞社：東京

武内房司 1994「清代貴州東南部ミャオ族に見る「漢化」の一側面　林業経営を中心に」竹村卓二編『儀礼・民族・境界　華南諸民族の「漢化」の諸相』風響社：東京 pp.81-103.

武田雅哉 2024「解説」武田雅哉編『西遊記』KADOKAWA：東京 pp.13-31.

竹村卓二 1981『ヤオ族の歴史と文化　華南・東南アジア山地民族の社会人類学的研究』弘文堂：東京

田先威和夫監修 1996『新編　畜産大事典』養賢堂：東京

田中二郎・佐藤俊・菅原和孝・太田至編 2004『遊動民　アフリカの原野に生きる』昭和堂：京都

田中利和 2018『牛とともに耕す　エチオピアにおける在来犂農耕の未来可能性』松香堂書店：京都

田辺健一 1956「北上山地の準平原牧場」多田文男・石田龍次郎編『山地の地理』

　　　河出書房：東京 pp.163-176.

田辺繁治 2013『精霊の人類学　北タイにおける共同性のポリティクス』岩波書店：東京

ダニエルス・クリスチャン編 2008『モンスーンアジアの生態史　第2巻　地域の生態史』弘文堂：東京

ダニエルス・クリスチャン編 2014『東南アジア大陸部　山地民の歴史と文化』言叢社：東京

谷泰 1976『牧夫フランチェスコの一日　イタリア中部山村生活誌』日本放送出版協会：東京

谷泰 1997『神・人・家畜　牧畜文化と聖書世界』平凡社：東京

谷泰 2010『牧夫の誕生　羊・山羊の家畜化の開始とその展開』岩波書店：東京

谷口裕久 2003a「モン・ミャオにおける移住と文化社会戦略」塚田誠之編『民族の移動と文化の動態』風響社：東京 pp.135-157.

谷口裕久 2003b「タイ山地民における社会変容の諸側面　モン（Hmong）族における家族・親族をめぐって」比較家族史研究 17: 35-57.

谷口裕久 2005a「エスニック・メディアをめぐる認識と表象　雲南省「苗族」の事例から」長谷川清・塚田誠之編『中国の民族表象　南部諸地域の人類学・歴史学的研究』風響社：東京 pp.145-171.

谷口裕久 2005b「モン　国民国家と「民族」の現在」林行夫・合田濤編『講座　世界の先住民族　東南アジア』明石書店：東京 pp.98-122.

谷口裕久 2007「ベトナム北部におけるモンの移住志向とその背景」ベトナムの社会と文化 7: 103-130.

田畑久夫 2001「ミャオ・ヤオ語族の民族」『中国少数民族事典』東京堂出版：東京 pp.162-173.

田畑久夫・金丸良子 1989『中国雲貴高原の少数民族　ミャオ族・トン族』白帝社：東京

淡野寧彦 2007「茨城県旭村における養豚業の展開と銘柄豚事業」地理学評論 80(6): 382-394.

月原敏博 2004「南アジアにおける山地の「環境と開発」　資源・環境をめぐる政治と文化の研究課題」地学雑誌 113 (2): 258-272.

津村文彦 2004「東北タイにおける家畜飼養の変容　牛と水牛からみた農村経済」福井県立大学論集 24: 85-104.

寺内大左 2023『開発の森を生きる　インドネシア・カリマンタン焼畑民の民族誌』新泉社：東京

鳥居龍蔵 1907『苗族調査報告』東京帝国大学理科大学人類学教室（1976『鳥居龍蔵全集　第 11 巻』朝日新聞社所収）

内藤勝 2003「中国農業における水と生産　華北平原の地下水利用と農法の変貌について」嘉悦大学研究論集 46（1）: 85-107.

中井信介 2010「タイ北部の山村におけるモンのタケ利用の特性とその意思決定に関する予備的考察」BIOSTORY 13: 88-99.

中井信介 2016「生業の域内多様度に関する予備的考察　タイのモン村落における豚飼育の専業化事例」哲学論集 62: 70-84

中川多喜雄 2004「タイ多国籍企業 CP 社の挫折と栄光」経営学論集 74: 70-82.

中田友子 2004『南ラオス村落社会の民族誌　民族混住状況下の「連帯」と闘争』明石書店：東京

中辻享 2004「ラオス焼畑山村における換金作物栽培受容後の土地利用　ルアンパバーン県シェンヌン郡 10 番村を事例として」人文地理 56（5）: 449-469.

中辻享 2005「ラオス北部焼畑山村にみられる生計活動の世帯差　幹線道路沿いの一行政村を事例として」地理学評論 78: 668-709.

中辻享 2010「ラオス焼畑山村における農村開発政策の意義と問題点　ルアンパバーン県シェンヌン郡の高地村落と低地村落の比較から」地理科学 65（1）: 26-49.

中辻享 2013a「ラオス山村における出作り集落と家畜飼養」横山智編『資源と生業の地理学』海青社：大津 pp.217-241.

中辻享 2013b「ラオス山地部における焼畑実施の村落差とその要因　ルアンパバーン県シェンヌン郡の 14 村の比較から」人文地理 65（4）: 339-356.

中辻享 2023「放牧と焼畑　ラオス山村でのウシ・スイギュウ飼養をめぐる土地利用」甲南大學紀要文学編 173: 171-188.

中辻享、ラムプーン・サイウォンサー、竹田晋也 2015「ラオス焼畑山村における家畜飼養拠点としての出作り集落の形成　ルアンパバーン県ウィエンカム郡サムトン村を事例として」甲南大學紀要文学編 165: 255-265.

中林広一 2018「中国食物史への手引き」歴史と地理 716: 38-41.

西谷大 2001「豚便所　飼養形態からみた豚文化の特質」国立歴史民俗博物館研究報告 90: 79-149.

西谷大 2003「ブタとイノシシ　海南島黎族の生業からみた家畜と野生動物利用に関する一考察」国立歴史民俗博物館研究報告 108: 407-422.

西谷大 2009「中国のブタ便所からみた弥生文化の家畜飼養」設楽博己・藤尾慎一郎・松木武彦編『食料獲得と生産　弥生時代の考古学 5』同成社：東京 pp.132-142.

西田正規 1984「定住革命　新石器時代の人類史的意味」季刊人類学 15 (1)：3-27.

西田正規 1986『定住革命　遊動と定住の人類史』新曜社：東京

西田正規 2007『人類史のなかの定住革命』講談社：東京

野澤謙 1975「家畜化と集団遺伝学」日本畜産学会会報 46 (10)：549-557.

野澤謙・西田隆雄 1981『家畜と人間』出光書店：東京

野中健一編 2008『ヴィエンチャン平野の暮らし　天水田村の多様な環境利用』めこん：東京

野林厚志 2007「中国農村社会におけるブタの多面価値　象徴財から食資源への変質」印東道子編『資源人類学　第 7 巻　生態資源と象徴化』弘文堂：東京 pp.247-291.

野林厚志 2009「ブタ飼育における個体管理　台湾ヤミが行なうブタの舎飼いと放し飼いの比較」山本紀夫編『ドメスティケーション　その民族生物学的研究』国立民族学博物館調査報告 84: 289-305.

野林厚志 2011「地域社会の歴史と文化を育むブタ飼養：中国福建省客家の「菜猪」とイベリア半島におけるイベリコ豚を事例として」All about SWINE 39: 17-22.

量博満 1978「経済生活」白鳥芳郎編『東南アジア山地民族誌　ヤオとその隣接諸種族』講談社：東京 pp.161-185.

長谷川政美 2011『新図説　動物の起源と進化　書きかえられた系統樹』八坂書房：東京

馬場雄司 2002「北タイ、ナーン県における開発と文化の再編　メコン開発とタイ民主化のはざま」国際開発研究フォーラム 22: 93-112.

速水洋子 2009『差異とつながりの民族誌　北タイ山地カレン社会の民族とジェンダー』世界思想社：京都

春山成子・藤巻正己・野間晴雄編 2009『朝倉世界地理講座　東南アジア』朝倉書店：東京

比嘉理麻 2015『沖縄の人とブタ　産業社会における人と動物の民族誌』京都大学学術出版会：京都

東智美 2016『ラオス焼畑民の暮らしと土地政策　「森」と「農地」は分けられるのか』風響社：東京

平石康久・木下瞬 2011「中国およびタイにおける鶏肉・鶏肉調製品の生産・輸出状況とわが国鶏肉需給への影響」『農畜産業振興機構　畜産の情報 2011 年 8 月』(https://lin.alic.go.jp/alic/month/domefore/2011/aug/wrepo01.htm　2024 年 10 月閲覧)

フェイガン・ブライアン 2016『人類と家畜の世界史』河出書房新社：東京（東郷えりか訳、原著は 2015 年出版）

福井勝義 1974『焼畑のむら』朝日新聞社：東京

福井勝義 1991『認識と文化　色と模様の民族誌』東京大学出版会：東京

福井勝義編 2005『社会化される生態資源　エチオピア絶え間なき再生』京都大学学術出版会：京都

福井勝義・谷泰編 1987『牧畜文化の原像　生態・社会・歴史』日本放送出版協会：東京

福井捷朗 1988『ドンデーン村　東北タイの農業生態』創文社：東京

藤田佳久 1983『日本の山村　改訂版』地人書房：京都

藤田渡 2008『森を使い、森を守る　タイの森林保護政策と人々の暮らし』京都大学学術出版会：京都

舟橋和夫 1990「ドンデーン村の概要」口羽益生編『ドンデーン村の伝統構造とその変容』創文社：東京 pp.37-77.

舟橋和夫・柴田恵介 2007「東北タイ農村ドンデーン村における村落経済の変動」龍谷大学社会学部紀要 30: 55-71.

古家晴美 1993「「山地民」と「山の民」　北タイ「チャウ・カウ」研究への新たなる視座を求めて」民族学研究 58 (1)：29-52.

堀内勝 1986『ラクダの文化誌　アラブ家畜文化考』リブロポート：東京

増田和也 2012『インドネシア　森の暮らしと開発　土地をめぐる〈つながり〉と〈せめぎあい〉の社会史』明石書店：東京

増野高司 2005「焼畑から常畑へ　タイ北部の山地民」池谷和信編『熱帯アジアの森の民　資源利用の環境人類学』人文書院：京都 pp.149-178.

増野高司 2009「東南アジア大陸部における山地民の移住史と環境利用」池谷和信編『地球環境史からの問い　ヒトと自然の共生とは何か』岩波書店：東京 pp.174-189.

増野高司 2013「アジアの焼畑」片岡樹・シンジルト・山田仁史編『アジアの人類学』春風社：東京 pp.107-151.

増野高司 2015「ニワトリとブタの供犠　タイ北部に暮らすミエン族の事例」BIOSTORY 23: 24-27.

松井健 1989『セミ・ドメスティケーション　農耕と遊牧の起源再考』海鳴社：東京

松井健・名和克郎・野林厚志編 2011『グローバリゼーションと〈生きる世界〉　生業からみた人類学的現在』昭和堂：京都

松井健・野林厚志・名和克郎編 2012『生業と生産の社会的布置　グローバリゼーションの民族誌のために』岩田書店：東京

松本信広 1971「創刊の辞」東南アジア研究　歴史と文化 1: 1-2

松本博之・池口明子・岡本耕平・野中健一 2010「五十年目のラオス（5）　岩田慶治先生調査村の再訪」地理 55（6）: 90-99.

村松一弥 1973『中国の少数民族　その歴史と文化および現況』毎日新聞社：東京

箕曲在弘 2014『フェアトレードの人類学　ラオス南部ボーラヴェーン高原におけるコーヒー栽培農村の生活と共同組合』めこん：東京

宮平盛晃 2013「琉球諸島における動物・防除儀礼《シマクサラシ儀礼》の名称に関する研究　悉皆調査による新たな展開と問題」日本民俗学 276: 31-51.

宮平盛晃 2019『琉球諸島の動物儀礼　シマクサラシ儀礼の民俗学的研究』勉誠出版：東京

森田敦郎 2012『野生のエンジニアリング　タイ中小工業における人とモノの人類学』世界思想社：京都

安井清子 2001『空の民の子どもたち　難民キャンプで出会ったラオスのモン族　増補改訂版』社会評論社：東京

柳澤雅之 2009「東南アジア生態史」東南アジア学会監修『東南アジア史研究の展開』山川出版社：東京 pp.156-171.

柳澤雅之 2017「東南アジア大陸部の生態史」井上真編『東南アジア地域研究入門1 環境』慶應義塾大学出版会：東京 pp.23-43.

矢野健一 2014「人類はなぜ、いつ定住したか」考古学研究会編『考古学研究60の論点 考古学研究会60周年記念誌』六一書房：東京 pp.11-12.

矢野順子 2013『国民語の形成と国家建設 内戦期ラオスの言語ナショナリズム』風響社：東京

山口哲由 2005「中国雲南省北西部の高山地域における放牧地利用と農牧複合」アジア・アフリカ地域研究 5 (1)：21-45.

山口哲由 2011「移動牧畜が放牧地に及ぼす負荷の分布状況 中国雲南省北西部のチベット族村落の事例」地理学評論 84 (3)：199-219.

山本紀夫編 2007『アンデス高地』京都大学学術出版会：京都

山本紀夫 2014『中央アンデス農耕文化論 とくに高地部を中心として』国立民族学博物館調査報告 117

山本紀夫・稲村哲也編 2000『ヒマラヤの環境誌 山岳地域の自然とシェルパの世界』八坂書房：東京

山本充 1997『山地の土地資源利用』大明堂：東京

横山智 2001「農外労働の導入に伴うラオス山村の生業構造変化 ウドムサイ県ポンサワン村を事例として」人文地理 53 (4)：307-326.

横山智 2013a「生業と資源を捉える視点」横山智編『資源と生業の地理学』海青社：大津 pp.13-33.

横山智 2013b「ポリティカル・エコロジー」人文地理学会編『人文地理学事典』丸善出版：東京 pp.598-599.

横山智 2017「新たな価値付けが求められる焼畑」井上真編『東南アジア地域研究入門1 環境』慶應義塾大学出版会：東京

横山智・荒木一視・松本淳編 2012『モンスーンアジアのフードと風土』明石書店：東京

横山智・落合雪野編 2008『ラオス農山村地域研究』めこん：東京

吉井千周 2002「マイノリティにおけるインターネットの活用 タイ王国ナーン

県、パ・クラン村のモン族事例報告」情報処理学会人文科学とコンピュータシンポジウム論文集 13: 185-192.

吉井千周 2004a「変容する山地民の紛争処理　モン族の離婚紛争を事例として」アジア女性研究 13: 76-83.

吉井千周 2004b「タイ近代法システムに対するモン族の適応戦略」SFC Journal 3: 94-117.

吉井千周 2011「タイにおける山地民政策の変容」アジア法研究 5: 173-182.

吉岡政徳 2018『豚を殺して偉くなる　メラネシアの階梯制社会におけるリーダーへの道』風響社：東京

吉川太恵子 2013『ディアスポラの民　モン』めこん：東京

吉田竹也 1994「表層の遊戯　バリの闘鶏に関するもうひとつの解釈」南方文化 21: 70-85.

吉田睦 2003『トナカイ牧畜民の食の文化・社会誌　西シベリア・ツンドラ・ネネツの食の比較文化』彩流社：東京

吉野晃 1991「タイ北部、ミエン族の移住　移住による村落形成過程」社会人類学年報 17: 149-162.

吉野晃 2014「タイにおけるユーミエンの家族構成の社会史」クリスチャン・ダニエルス編『東南アジア大陸部　山地民の歴史と文化』言叢社 pp.219-246.

吉松久美子 2016『移動するカレンの民族誌　フロンティアの終焉』東京外国語大学出版会：東京

渡辺和之 2009『羊飼いの民族誌　ネパール移牧社会の資源利用と社会関係』明石書店：東京

渡部森哉 2019「人類の定住に関する考察　物質文化との関係に着目して」人類学研究所研究論集 7: 8-25.

渡辺仁編 1977『人類学講座 12　生態』雄山閣出版：東京

Akimichi, Tomoya 1998 Pig and man in Papuan societies: Two cases from Seltaman of the Fringe highlands and the Gidra of the lowland. *Senri Ethnological Studies* 47: 163-182.

Akimichi, Tomoya ed. 2008 *An Illustrated Eco-history of the Mekong River Basin.*

Bangkok: White Lotus Press.

Albarella, Umberto; Dobney, Keith; Ervynck, Anton and Rowley-Conwy, Perter eds. 2007 *Pigs and Humans: 10,000 Years of Interaction*. Oxford: Oxford University Press.

Andrews, J. M. 1935 *Siam: 2nd Rural Economic Survey, 1934-1935*. Bangkok: Bangkok Time Press.

Baird, Ian G. and Shoemaker, Bruce 2008 *People, Livelihoods, and Development in the Xekong River Basin, Laos*. Bangkok: White Lotus Press.

Baird, Ian G.; Leepreecha, Prasit and Urai Yangcheepsutjarit 2016 Who should be considered 'Indigenous'? A survey of ethnic groups in northern Thailand. *Asian Ethnicity* 18(4): 543-562.

Baird, Ian G. 2024 *Thailand's Volunteer Hill Tribe Militia (1970-1983): An Under-Recognized, Anti-Communist Force*. Bangkok: White Lotus Press.

Baldwin, J. A. 1978 Pig rearing vs. pig breeding in New Guinea. *Anthropological Journal of Canada* 16(3): 23-27.

Barney, G. Linwood 1967 The Meo of Xieng Khouang Province, Laos. In: *Southeast Asian Tribes, Minorities, and Nations*. Peter Kunstadler, ed. Princeton: Princeton University Press. pp.271-294.

Bellwood, Peter 1978 *Man's Conquest of the Pacific: The Prehistory of Southeast Asia and Oceania*. New York: Oxford University Press.（訳書：ピーター・ベルウッド 1989『太平洋　東南アジアとオセアニアの人類史』法政大学出版局、植木武・服部研二訳）

Bellwood, Peter 2005 *First Farmers: The Origins of Agricultural Societies*. Malden: Blackwell.

Bernatzik, H. A. 1947 *Akha and Miao: Problems of Applied Ethnography in Farther India*. Translated by A. Nagler 1970. New Haven: Human Relations Area Files.

Boserup, Ester 1965 *The Conditions of Agricultural Growth: The Economics of Agrarian Change under Population Pressure*. London: George Allen & Unwin.

Bowie, Katherine A. 1988 *Peasant Perspectives on the Political Economy of the Northern Thai Kingdom of Chiang Mai in the Nineteenth Century: Implications for the Understanding of Peasant Political Expression*. Ph.D. Thesis, University of Chicago.

Boyd, D. J. 1984 The production and management of pigs: husbandry option and demographic patterns in an eastern highlands herd. *Oceania* 55(1): 27-49.

Boyd, D. J. 2001 Life without pigs: recent subsistence changes among the Irakia Awa, Papua New Guinea. *Human Ecology* 29(3): 259-282.

Buadaeng, Kwanchewan 2006 The rise and fall of the Tribal Research Institute (TRI): "Hill tribe" policy and studies in Thailand. *Southeast Asian Studies* 44(3): 359-384.

Cairns, Malcolm F. ed. 2015 *Shifting Cultivation and Environmental Change: Indigenous People, Agriculture and Forest Conservation*. Abingdon: Routledge.

Calavan, Michaeal M. 1977 *Decisions Against Nature: An Anthropological Study of Agriculture in Northern Thailand*. DeKalb: Northern Illinois Univerisity.

Chan, Sucheng ed. 1994 *Hmong Means Free: Life in Laos and America*. Philadelphia: Temple University Press.

Chantalakhana, C. and Skunmun, P. 2002 *Sustainable Smallholder Animal Systems in the Tropics*. Bangkok: Kasetsart University Press.

Cheva-Isarakul, Boonserm 1998 Livestock production development in the northern highlands of Thailand. In: *Upland Farming Systems in the Lao PDR: Problems and Opportunities for Livestock*. E. C. Chapman et al. eds. Canberra: Australian Centre for International Agricultural Research. pp.64-66.

Chindarsi, Nusit 1976. *The Religions of the Hmong Njua*. Bangkok: The Siam Society.

Chitbundid, Chanida 2007 *The Royally-Initiated Projects: The Making of Royal Hegemony*. Bangkok: The Foundation for the Promotion of Social Sciences and Humanities Textbooks Project.

Clutton-Brock, J. 1999 *A Natural History of Domesticated Mammals. 2nd*. Cambridge: Cambridge University Press.

Condominas, Georges 1977 *We Have Eaten the Forest: The Story of a Montagnard Village in the Central Highlands of Vietnam*. New York: Hill and Wang (Originally published in 1957, in French)

Congming, Yang 2009 *Rational Farming: Development and Change in Date Hmong Community*. Saarbrücken: Lambert Academic Publishing.

Cooper, Robert 1984 *Resource Scarcity and the Hmong Response: Patterns of Settlement and Economy in Transition*. Singapore: Singapore University Press.

Cooper, Robert 1998 *The Hmong: A Guide to Traditional Life*. Singapore: Times Editions. (Reissue 2008 *The Hmong: A Guide to Traditional Life*. Lao-Insight Books)

Crooker, R. A. 2005 Life after opium in the hills of Thailand. *Mountain Research and Development* 25(3): 289-292.

Culas, C. and Michaud, J. 2004 A contribution to the study of Hmong (Miao) migrations and history. In: Tapp, N.; Michaud, J.; Culas, C. and Lee, G. Y. eds., *Hmong/Miao in Asia*. Chiang Mai: Silkworm Books. pp.61-96.

Davis, Richard B. 1984 *Muang Metaphysics: A Study of Northern Thai Myth and Ritual*. Bangkok: Pandora.

de Beauclair, Inez 1960 A Miao tribe of southeast Kweichow and its cultural configuration. *Bulletin of the Institute of Ethnology*, Academia Sinica 10: 127-205.

de Young, J. E. 1966 *Village Life in Modern Thailand*. Berkeley and Los Angeles: University of California Press.

Devendra, C. and Fuller, M. F. 1979 *Pig Production in the Tropics*. Oxford: Oxford University Press.

Donner, W. 1982 *The Five Faces of Thailand: An Economic Geography*. St. Lucia: University of Queensland Press.

Ellen, Roy 1982 *Environment, Subsistence and System: The Ecology of Small-Scale Social Formations*. Cambridge: Cambridge University Press.

Evans-Pritchard, E. E.1940 *The Nuer*. Oxford: Clarendon Press. (訳書：E. E. エヴァンズ＝プリチャード 1997 『ヌアー族　ナイル系一民族の生業形態と政治制度の調査記録』平凡社、向井元子訳)

Falvey, L. 1979 *Cattle and Sheep in Northern Thailand*. West Perth: MPW Rural Development Pty.

Falvey, L. 1981 Research on native pigs in Thailand. *World Animal Review* 38: 16-22.

Fox, J. et al. 1994 Farmer decision making and spatial variables in northern Thailand. *Environmental Management* 18(3): 391-399.

Fratkin, E. and Roth, E. A. 2005 *As Pastoralists Settle: Social, Health, and Economic Consequences of the Pastoral Sedentarization in Marsabit District, Kenya*. New York: Springer.

Funnell, D. and Price, M. F. 2003 Mountain geography: A review. *The Geographical Journal*. 169(3): 183-190.

Galaty, John G. and Salzman, Philip Carl 1981 *Change and Development in Nomadic and Pastoral Societies*. Leiden: Brill.

Galaty, John G. and Johnson, Douglas L. 1990 *The World of Pastoralism: Herding Systems in Comparative Perspective*. New York: Guilford Press.

Ganjanapan, Anan 1984 *The Partial Commercialization of Rice Production in Northern Thailand (1900-1981)*. Ph. D. Thesis, Cornell University.

Geddes, William R. 1970 Opium and the Miao: A study in ecological adjustment. *Oceania* 41(1): 1-11.

Geddes, William R. 1976 *Migrants of the Mountains: The Cultural Ecology of the Blue Miao (Hmong Njua) of Thailand*. London: Oxford University Press.

Géraud, Marie-Odile 1997 *Regards sur les Hmong de Guyane Française: Les Détours d'une Tradition*. Paris: L'Harmattan.

Giuffra E., Kijas J.M.H., Amarger V., Carlborg Ö., Jeon J.-T., and Andersson L. 2000. The origin of the domestic pig: Independent domestication and subsequent introgression. *Genetics* 154: 1785-1791.

Gourou, Pierre 1947 *Les Pays Tropicaux: Principes d'une Géographie Humaine et Économique*. Paris: Presses universitaires de France（訳書：P. グルー 1971 『熱帯の地理　社会的経済的諸条件とその展望』朝倉書店、山本正三・田中真吾・谷治正孝訳）

Guillet, D. 1983 Toward a cultural ecology of mountains: The central Andes and the Himalayas compared. *Current Anthropology* 24(5): 561-574.

Halpern, Joel M. 1964 *Economy and Society of Laos: A Brief Survey*. New Haven: Yale University.

Hamilton-Merritt, Jane 1993 *Tragic Mountains: The Hmong, the Americans, and the Secret Wars for Laos, 1942-1992.* Bloomington: Indiana University Press.

Harris, D. R. 1996 Domesticatory relationships of people, plants and animals. In: *Redefining Nature: Ecology, Culture and Domestication.* Ellen, R. and Fukui, K. eds. Oxford: Berg. pp.437-463.

Hayami, Yoko 2003 Meat-consumption, feasting and commensality among Karen in the context of socio-religious changes in the upland-lowland continuum. In: *Cultural Diversity and Conservation in the Making of Mainland Southeast Asia and Southwestern China Regional Dynamics in the Past and Present.* Yukio Hayashi and Thongsa Sayavongkhamdy eds. Kyoto: Kyoto University. pp.294-321.

Hayami, Yoko 2004 *Between Hills and Plains: Power and Practice in Socio-Religious Dynamics among Karen.* Kyoto: Kyoto University Press.

Hein, Jeremy 2006 *Ethnic Origins: The Adaptation of Cambodian and Hmong Refugees in Four American Cities.* New York: Russel Sage Foundation.

Hendricks, Glenn L., Bruce T. Downing, and Amos S. Deinard eds. 1986 *The Hmong in Transition.* Center for Migration Studies of New York; Southeast Asian Refugee Studies of the University of Minnesota.

Hide, Robin 1981 *Aspect of Pig Production and Use in Colonial Sinasina, Papua New Guinea.* Ph.D. Thesis, Columbia University.

Hide, Robin 2003 *Pig Husbandry in New Guinea: A Literature Review and Bibliography.* Canberra: Australian Centre for International Agricultural Research.

Higham, Charles 2014 *Early Mainland Southeast Asia: From First Humans to Angkor.* Bangkok: River Books.

Hillmer, Paul 2010 *A People's History of the Hmong.* St. Paul: Minnesota Historical Society Press.

Hirsch, Philip 1990 *Development Dilemmas in Rural Thailand.* Singapore: Oxford University Press.

Ikeya, Kazunobu 2014 Biodiversity, native domestic animals, and livelihood in monsoon Asia: Pig pastoralism in the Bengal delta of Bangladesh. In: *Traditional Wisdom and Modern Knowledge for the Earth's Future: International Perspectives in Geography.* Okamoto, K. and Ishikawa, Y. eds. Tokyo: Springer. pp.51-77.

Ikeya, Kazunobu 2015 Pig farming at Kinshasa in the Democratic Republic of the Congo. *African Study Monographs Supplementary Issue* 51: 107-118.

Ikeya, Kazunobu 2017 Introduction: Studies of Sedentarization. In: Ikeya, K. ed. *Sedentarization among Nomadic Peoples in Asia and Africa. Senri Ethnological Studies* 95: 1-15.

Ikeya, Kazunobu; Masuno, Takashi and Nakai, Shinsuke 2010 The taming process of Red Junglefowl: Case study of hillside farmers in northern Thailand. In: *Chickens and Humans in Thailand: Their Multiple Relationships and Domestication.* Sirindhorn, M. C. and Akishinonomiya, F. eds. Bangkok: Siam Society. pp.73-97.

Ingold, Tim ed. 1988 *What is an Animal?* London and New York: Routledge.

Ives, Jack D. 1980 Northern Thailand: The Problem. In: *Conservation and Development in Northern Thailand.* Jack D. Ives, Sanga Sabhasri and Pisit Voraurai eds. Tokyo: The United Nations University. pp.9-12.

Izikowitz, Karl Gustav 1951 *Lamet: Hill Peasants in French Indochina.* Göteborgs: Göteborgs etnografiska museum. (Reissue; 1979 New York: AMS Press, 2001 Bangkok: White Lotus Press)

Keen, F. G. B. 1978 Ecological relationships in a Hmong (Meo) economy. In: Kunstadter, P. et al. eds. *Farmers in the Forest.* Honolulu: The University Press of Hawaii. pp.210-221.

Kingshill, K. 1976 *Ku Daeng - The Red Tomb: A Village Study in Northern Thailand.* Bangkok: Suriyaban Publishers.

Kono, Yasuyuki; Badenoch, Nathan; Tomita, Shinsuke; Linkham, Douangsavanh; Nonaka, Kenichi 2010 Agency, opportunity and risk: Commercialization and the Human-nature relationships in Laos: Introduction. *Southeast Asian Studies* 47(4): 365-373.

Kuchikura, Y. 1994 A comparative study of subsistence patterns in Papua New Guinea. *Bulletin of the Faculty of General Education, Gifu University* 30: 41-89.

Kumaresan, A., Bujarbaruah K.M., Pathak K.A., Chhetri B., Das S.K., Das A. and Ahmed S.K. 2007 Performance of pigs reared under traditional tribal low input production system and chemical composition of non-conventional tropical plants used as pig feed. *Livestock Science* 107: 294-298.

Kunstadter, Peter ed. 1967 *Southeast Asian Tribes, Minorities, and Nations*. Princeton: Princeton University Press.

Kunstadter, P. 1978 Subsistence agricultural economics of Lua' and Karen hill farmers, Mae Sariang district, Northwestern Thailand. In: Kunstadter P., Chapman E.C. and Sabhasri S. eds., *Farmers in the Forest*. Honolulu: The University Press of Hawaii. pp.74-133.

Kunstadter, P., Chapman E.C. and Sabhasri S. eds. 1978 *Farmers in the Forest: Economic Development and Marginal Agriculture in Northern Thailand*. Honolulu: The University Press of Hawaii.

Kurosawa, Y. 2023 Rearing wild boar in Okinawa: Thinking about their domestication. In: Ikeya, K. and Balée, W. eds., *Global Ecology in Historical Perspective: Monsoon Asia and Beyond*. Singapore: Springer. pp.105-117.

Larson G., Dobney K., Albarella U., Fang M., Matisoo-Smith E., Robins J., Lowden S., Finlayson H., Brand T., Willerslev E., Rowley-Conwy P., Andersson L., and Cooper A. 2005 Worldwide phylogeography of wild boar reveals multiple centers of pig domestication. *Science* 307: 1618-1621.

Lea, D.A.M. 1964 *Abelam Land and Sustenance*. Ph.D. Thesis, Australian National University.

LeBar, F. M. et al. 1964 *Ethnic Groups of Mainland Southeast Asia*. New Haven: HRAF Press.

Lee, Gary Yia and Tapp, Nicholas 2010 *Culture and Customs of the Hmong*. Santa Barbara: Greenwood.

Lee, Mai Na M. 2015 *Dreams of the Hmong Kingdom: The Quest for Legitimation in French Indochina, 1850-1960*. Madison: The University of Wisconsin Press.

Leepreecha, Prasit 2001 *Kinship and Identity among Hmong in Thailand.* Ph.D. Thesis, University of Washington.

Lemke U., Kaufmann B., Thuy L.T., Emrich K. and Zárate A.V. 2006 Evaluation of smallholder pig production systems in North Vietnam: Pig production management and pig performances. *Livestock Science* 105: 229-243.

Lemke U., Zárate A.V., Kaufmann B., Santivañez J.D., Thuy L.T., Ly L.V., Giao H. K. and Vang N.D. 2007. Suitability of local and improved pig breeds for different smallholder production conditions. In: Heidhues F., Herrmann L., Neef A., Neidhart S., Pape J., Sruamsiri P., Thu D.C. and Zárate A.V. eds., *Sustainable Land Use in Mountainous Regions of Southeast Asia.* Berlin: Springer. pp.188-202.

Lemoine, Jacques 1972 *Un village Hmong Vert du Haut Laos.* Paris: Centre National de le Recherche Scientifique.

Little, Peter D.1982 *The Elusive Granary: Herder, Farmer, and State in Northern Kenya.* Cambridge: Cambridge University Press.

Long, Lynellyn D. 1993 *Ban Vinai: The Refugee Camp.* New York: Columbia University Press.

Lozny, Ludomir R. ed. 2013 *Continuity and Change in Cultural Adaptation to Mountain Environments.* New York: Springer.

Lyman, Thomas A. 1976 *Ethno-Zoology of the Green Miao (Mong Njua) of Naan Province, Northern Thailand.* Napa: Napa College.

Macfarlane, Alan 1976 *Resources and Population: A Study of the Gurungs of Nepal.* Cambridge: Cambridge University Press.

Mansfield, S. 2000 *Lao Hill Tribes: Traditions and Patterns of Existence.* London: Oxford University Press.

Marlowe, G.W. 1969 Economic variety in a north Thai village. In: *Tribesmen and Peasants in North Thailand.* Chiang Mai: Tribal Research Center. pp.15-25.

Masuno, Takashi 2012 Peasant transitions and changes in livestock husbandry: a comparison of three Mien villages in northern Thailand. *The Journal of Thai Studies* 12: 43-63.

Masuno, Takashi and Ikeya, Kazunobu 2010 Chicken production and utilization for small-scale farmers in northern Thailand: Case study at a Mien hillside village. In: *Chickens and Humans in Thailand: Their Multiple Relationships and Domestication*. Sirindhorn, M. C. and Akishinonomiya, F. eds. Bangkok: Siam Society. pp.290-312.

Masuno, Takashi and Nakai, Shinsuke 2009 Pig husbandry. In: *An Illustrated Eco-history of the Mekong River Basin*. Akimichi, T. ed. Bangkok: White Lotus Press. pp.55-58.

McCaskill, Don and Kampe, Ken eds. 1997 *Development or Domestication: Indigenous Peoples of Southeast Asia*. Chiang Mai: Silkworm Books.

McKinnon, John and Bhruksasri, Wanat eds 1983 *Highlanders of Thailand*. Kuala Lumpur: Oxford University Press.

McKinnon, John and Vienne, B. eds. 1989 *Hill Tribes Today: Problems in Change*. Bangkok: White Lotus Press.

McKinnon, Katharine 2011 *Development Professionals in Northern Thailand: Hope, Politics and Practice*. Honolulu: University of Hawaii Press.

Michaud, Jean 1997 Economic transformation in a Hmong village of Thailand. *Human Organization* 56(2): 222-232.

Michaud, Jean ed. 2000 *Turbulent Times and Enduring Peoples: Mountain Minorities in the South-East Asian Massif*. Richmond: Curzon Press.

Michaud, Jean 2006 *Historical Dictionary of the Peoples of the Southeast Asian Massif*. Lanham: Scarecrow Press.

Moerman, M. 1968 *Agricultural Change and Peasant Choice in a Thai Village*. Berkeley and Los Angeles: University of California Press.

Moran, Emilio F. 1979 *Human Adaptability: An Introduction to Ecological Anthropology*. North Scituate: Duxbury Press.

Morrison, Gayle L. 1999 *Sky Is Falling: An Oral History of the CIA's Evacuation of the Hmong from Laos*. Jefferson: McFarland.

MSDHS 2002 *Highland Communities within 20 provinces of Thailand, 2002*. Bangkok: MSDHS; Ministry of Social Development and Human Security, Thailand and

UNICEF (in Thai).

Na Nan, Sakkarin 2012 *The Mlabri on the Development Path*. Chiang Mai: Center for Ethnic Development and Studies, Faculty of Social Science, Chiang Mai University (in Thai).

Nakano, Kazutaka 1978 An ecological study of swidden agriculture at a village in northern Thailand. *Southeast Asian Studies* 16(3): 411-446.

Nakano, Kazutaka 1980 An ecological view of a subsistence economy based mainly on the production of rice in swiddens and in irrigated field in a hilly region of northern Thailand. *Southeast Asian Studies* 18(1): 40-67.

Nakano, Kazutaka 2014 An essay on the Boserupian model with particular emphasis on labour input and productivity in upland rice swiddens in Southeast Asia. *Tropics* 23(1): 1-14.

Nan Provincial Statistical Office 2011 *Provincial Statistical Report 2011*. Bangkok: National Statistical Office.

Netting, Robert McC. 1968 *Hill Farmers of Nigeria: Cultural Ecology of the Kofyar of the Jos Plateau*. Seattle: University of Washington Press.

Netting, Robert McC. 1981 *Balancing on an Alp: Ecological Change and Continuity in Swiss Mountain Community*. Cambridge: Cambridge University Press.

Nibbs, Faith G. 2014 *Belonging: the Social Dynamics of Fitting in as Experienced by Hmong Refugees in Germany and Texas*. Durham: Carolina Academic Press

Nimonjiya, Shu 2016 (2013) From 'Ghosts' to 'Hill Tribe' to Thai citizens: Towards a history of the Mlabri of northern Thailand. *Aséanie* 32: 155-176.

Nishida, Masaki 2001 The Significance of Sedentarization in the Human History. *African Study Monographs. Supplementary Issue* 26: 9-14.

Ongsakul, S. 2005 *History of Lan Na*. Chiang Mai: Silkworm Books.

Orr, Yancey; Lansing, Stephen J. and Dove, Michael R. 2015 Environmental Anthropology: Systematic Perspectives. *Annual Review of Anthropology* 44: 153-168.

Palm, Cheryl A. et al. eds. 2005 *Slash-and-Burn Agriculture: The Search for Alternatives*. New York: Columbia University Press.

Peattie, R. 1936 *Mountain Geography: A Critique and Field Study*. Cambridge: Harvard University Press.

Pelzer, Karl J. 1945 *Pioneer Settlement in the Asiatic Tropics: Studies in Land Utilization and Agricultural Colonization in Southeastern Asia*. New York: International Secretariat Institute of Pacific Relations.

Phu Payak Memorial Committee 2005 *History of Dazzling Star in the Forest of Phu Wae Phu Phayak*. Art Edge Graphic (in Thai).

Price, L.W. 1981 *Mountains and Man*. Berkeley and Los Angeles: University of California Press.

Radley, Howard M. 1986 *Economic Marginalization and the Ethnic Consciousness of the Green Mong (Moob Ntsuab) of Northwestern Thailand*. Ph.D. Thesis, Oxford University.

Rambo, Terry A.; Gillogly, Kathleen and Hutterer, Karl L. 1988 *Ethnic Diversity and the Control of Natural Resources in Southeast Asia*. Ann Arbor: The University of Michigan.

Rappaport, Roy A. 1968 *Pigs for the Ancestors: Ritual in the Ecology of a New Guinea People*. New Haven and London: Yale University Press.

Renard, Ronald D. 1994 The monk, the Hmong, the forest, the cabbage, fire and water: Incongruities in northern Thailand opium replacement. *Law & Society Review* 28(3): 657-664.

Renard, Ronald D. 2015 Mon-Khmer peoples and Thai culture. In: *Mon-Khmer: Peoples of the Mekong Region*. Renard, R. D. eds. Chiang Mai: Chiang Mai University Press. pp.1-48.

Rigg, Jonathan 2003 *Southeast Asia, 2nd ed: The Human Landscape of Modernization and Development*. London and New York: Routledge.

Rigg, Jonathan 2005 *Living with Transition in Laos: Market Integration in Southeast Asia*. London and New York: Routledge.

Rigg, Jonathan 2012 *Unplanned Development: Tracking Change in South-East Asia*. London and New York: Zed Books.

Rufener, W.H. 1971 *Cattle and Water Buffalo Production in Villages of Northern*

Thailand. Ph.D. Thesis, University of Illinois.

Sabhasri, S. 1978 Opium culture in northern Thailand. In: Kunstadter, P. et al. eds. *Farmers in the Forest*. Honolulu: The University Press of Hawaii. pp.206-209.

Salzman, Philip Carl ed. 1980 *When Nomads Settle: Processes of Sedentarization as Adaptation and Response*. New York: Praeger

Salzman, Philip Carl 1999 *The Anthropology of Real Life: Events in Human Experience*. Prospect Heights: Waveland Press

Sarmiento, F. O. and Butler, D. R. 2011 Where do mountain geographers publish? *Mountain Research and Development* 31(1): 61-67.

Sauer, C.O. 1952. *Agricultural Origins and Dispersals*. New York: American Geographical Society.

Shipman, Pat 2010 The animal connection and human evolution. *Current Anthropology* 51(4): 519-538.

Sillitoe, Paul 1979 *Give and Take: Exchange in Wola Society*. Canberra: Australian National University Press.

Sillitoe, Paul 2002 Contested knowledge, contingent classification: animals in the highlands of Papua New Guinea. *American Anthropologist* 104(4): 1162-1171.

Sillitoe, Paul 2003 *Managing Animals in New Guinea: Preying the Game in the Highlands*. London: Routledge.

Sillitoe, Paul 2021 Pigs in rites, rights in pigs: porcine values in the Papua New Guinea Highlands. *Anthropozoologica* 56(8): 117-136.

Simaraks, S. et al. 2003 The shifting role of large livestock in northeast Thailand. *Southeast Asian Studies* 41(3): 316-329.

Simoons, Frederick J. 1961 *Eat Not This Flesh: Food Avoidances in the Old World*. Madison: University of Wisconsin Press. (2nd ed. 1994 *Eat Not This Flesh: Food Avoidances from Prehistory to the Present*. Madison: University of Wisconsin Press）（訳書：フレデリック J. シムーンズ 2001 『肉食タブーの世界史』法政大学出版局、香ノ木隆臣・山内彰・西川隆訳、監訳：山内昶）

Sirindhorn, M. C. and Akishinonomiya, F. eds. 2010 *Chickens and Humans in Thailand: Their Multiple Relationships and Domestication*. Bangkok: Siam

Society.

Skinner, William G. and Kirsch, Thomas A. 1975 *Change and Persistence in Thai Society*. Ithaca: Cornell University Press.

Spear, Thomas 1997 *Mountain Farmers: Moral Economies of Land and Agricultural Development in Arusha and Meru*. Berkeley: University of California Press.

Steward, Julian H. 1955 *Theory of Culture Change: The Methodology of Multilinear Evolution*. Urbana: University of Illinoi Press.（訳書：スチュワード J. 1979『文化変化の理論』弘文堂、米山俊直・石田紕子訳）

Strathern, Andrew 1971 *The Rope of Moka: Big-men and Ceremonial Exchange in Mount Hagen, New Guinea*. Cambridge: Cambridge University Press.

Stuart-Fox, Martin 1997 *A History of Laos*. Cambridge: Cambridge University Press.（訳書：マーチン・スチュアート−フォックス 2010『ラオス史』めこん、菊池陽子訳）

Symonds, Patricia V. 2004 *Calling in the Soul: Gender and the Cycle of Life in a Hmong Village*. Seattle: University of Washington Press.

Takai, Yasuhiro and Sibounheuang, Thanongsone 2010 Conflict between water buffalo and market-oriented agriculture: A case study from northern Laos. *Southeast Asian Studies* 47(4): 451-477.

Tanabe, Shigeharu 1994 *Ecology and Practical Technology: Peasant Farming Systems in Thailand*. Bangkok: White Lotus Press.F

Tapp, Nicholas 1986a Buddhism and the Hmong: A case study in Social Adjustment. *Journal of Developing Societies* 2: 68-88.

Tapp, Nicholas 1986b *The Hmong of Thailand: Opium People of the Golden Triangle*. London: Anti-Slavery Society.

Tapp, Nicholas 1988a Geomancy and development: The case of the White Hmong of north Thailand. *Ethnos* 53: 228-238.

Tapp, Nicholas 1988b The Reformation of culture: Hmong refugees from Laos. *Journal of Refugee Studies* 1(1): 20-37.

Tapp, Nicholas 1989 *Sovereignty and Rebellion: The White Hmong of Northern Thailand*. Oxford and New York: Oxford University Press.

Tapp, Nicholas 2003 *The Hmong of China: Context, Angency, and the Imaginary*.

Leiden: Brill.

Tapp, Nicholas 2010 *The Impossibility of Self: An Essay on the Hmong Diaspora*. Berlin: Lit Verlag.

Tapp, Nicholas; Michaud, Jean; Culas, Christian and Lee, Gary Yia eds. 2004 *Hmong/ Miao in Asia*. Chiang Mai: Silkworm Books.

Thomas, William L. Jr. ed 1956 *Man's Role in Changing the Face of the Earth, Volume 1*. Chicago: University of Chicago Press.

Tomforde, Maren 2006 *The Hmong Mountains: Cultural Spatiality of the Hmong in Northern Thailand*. Hamburg: Lit Verlag.

Townsend, P.K. 2000. *Environmental Anthropology: From Pigs to Policies*. Long Grove: Waveland Press.

Tribal Museum 2004 *The Hill Tribes of Thailand*, 5th edn. Chiang Mai: Technical Service Club Tribal Museum.

Tungittiplakorn, W. 1998 *Highland Cash Crop Development and Biodiversity Conservation: The Hmong in Northern Thailand*. Ph. D. Thesis, University of Victoria.

Tungittiplakorn, W. and Dearden, P. 2002 Biodiversity conservation and cash crop development in northern Thailand. *Biodiversity and Conservation* 11(11): 2007-2025.

Turton, Andrew 1975 *Northern Thai Peasant Society: A Case Study of Jural and Political Structures at the Village Level and Their Twentieth Century Transformations*. Ph.D. Thesis, University of London.

Ucko, P. J., and Dimbleby, G. W. eds. 1969 *The Domestication and Exploitation of Plants and Animals*. Chicago: Aldine.

Vang, Chia Youyee 2010 *Hmong America: Reconstructing Community in Diaspora*. Urbana: University of Illinois Press.

Vang, Ma 2021 *History on the Run: Secrecy, Fugitivity, and Hmong Refugee Epistemologies*. Durham: Duke University Press.

Vayda, Andrew P. 1969 *Environment and Cultural Behavior: Ecological Studies in Cultural Anthropology*. Garden City: The Natural History Press.

Vayda, Andrew; Leeds, A. and Smith, D. B. 1961 The place of pigs in Melanesian subsistence. In: *Proceedings of the 1961 Annual Spring Meeting of the American Ethnological Society*. Garfield, V. E. ed. Seattle: University of Washington Press. pp.69-77.

Visitpanich, T. and Falvey, L. 1980 A survey of the highland pig industry. *Thai Journal of Agricultural Science* 13: 259-267.

Wagner, Philip L. and Mikesell, Marvin W. eds. 1961 *Readings in Cultural Geography*. Chicago: University of Chicago Press.

Walker, Anthony R. 1992 *The Highland Heritage: Collected Essays on Upland North Thailand*. Singapore: Suvarnabhumi Books.

Watson, James B. 1965 From hunting to horticulture in the New Guinea Highlands. *Ethnology* 4(3): 295-309.

Wilson, Constance M. 1983 *Thailand: A Handbook of Historical Statistics*. Boston: G.K. Hall.

Worachai, L. et al. 1989 *Integrated Crop-Livestock Land Use Systems for Upland Rainfed Areas in Nan Province*. Chiang Mai: Faculty of Agriculture, Chiang Mai University.

Wyatt, David K. ed. 1994 *The Nan Chronicle*. Ithaca: Cornell University.

Xu, J.; Fox, J.; Melick, D.; Fujita, Y.; Jintrawet, A.; Qian, J.; Thomas, D. and Weyerhaeuser, H. 2006 Land use transition, livelihoods, and environmental services in Montane Mainland Southeast Asia. *Mountain Research and Development* 26(3): 278-284.

Yi, S.; Wu, N.; Luo, P.; Wang, Q.; Shi, F.; Sun, G. and Ma, J. 2007 Changes in livestock migration patterns in a Tibetan-style agropastoral system. *Mountain Research and Development* 27(2): 138-145.

Yokoyama, Satoshi 2004 Forest, ethnicity and settlement in the mountainous area of northern Laos. *Southeast Asian Studies* 42(2): 132-156.

Yokoyama, Satoshi 2010 The trading of agro-forest products and commodities in the northern mountainous region of Laos. *Southeast Asian Studies* 47(4): 374-402.

Yokoyama, Satoshi; Hirota, Isao; Tanaka, Sota; Ochiai, Yukino; Nawata, Eiji and Kono,

Yasuyuki 2014 A review of studies on swidden agriculture in Japan: Cropping system and disappearing process. *Tropics* 22(4): 131-155.

Zeuner, F. E. 1963 *A History of Domesticated Animals*. New York and Evanston: Harper and Row Publishers.（訳書：ゾイナー F.E.1983 『家畜の歴史』法政大学出版局、国分直一・木村伸義訳）

Zimmerman, C.C. 1931 *Siam: Rural Economic Survey, 1930-31*. Bangkok: Bangkok Time Press.

統計類

FAOSTAT（https://www.fao.org/faostat/en/#home 2024 年 10 月閲覧）

図・表・写真リスト

【資料1】豚飼育に関わる断片的な民族誌記述の整理

1　はじめに

　農耕民に関する民族誌的研究を概観して、豚を飼う文化についての記述を探すと、東南アジアの事例からは、生業の概要の中で、断片的にわずかに言及される程度である。いっぽう、パプアニューギニアの農耕民の事例は、例外的に豊富である。以下は、民族誌に見られる豚を飼う文化の記述について、東南アジアとその周辺地域の事例の整理を試みるものである。

1 − 1　タイ

モン

　豚を飼う環境については次の事柄が示されている。まず、1930 年代に調査を行ったベルナツィークは「ブタは昼間、村内やその周辺を自由に走る。しかし、夜には彼らのために特別に作られた豚舎に入れられる」と述べている（Bernatzik 1970:495）。そして、1960 年代に調査を行ったゲデスは「ブタは柵に囲まれていることもあるが、通常は自由に村の中を歩き回り食べ物をあさっている」と述べている（Geddes 1976:195-196）。この 2 つの記述は、豚の飼育は「放し飼い」により行われていたが、豚舎が存在しなかったわけではないことを示している。

　豚の管理技術については次の事柄が示されている。豚の餌管理に関する技術について、ベルナツィークは「豚は普通毎日、朝と夕に餌が与えられる。調理屑、調理されたトウモロコシ、葉を取り除いた野生バナナの茎を刻んだもの、が与えられる」と述べている（Bernatzik 1970:496）。そして、ゲデスは「夜は家の外の木製容器に、茹でたトウモロコシが与えられる」と述べている（Geddes 1976:195-196）。また、豚の生殖管理については、ベルナツィークは「去勢を行っている」と記述している（Bernatzik 1970:500）。

　豚の利用形態については次の事柄が示されている。まず、ベルナツィークは「豚を売る」と記述している（Bernatzik 1970:500）。いっぽう、1960 年代に調査を

行ったチンダルシは、「6ヶ月間に34戸で病気治療の儀礼が行われ、114頭の豚を畜殺した」と述べている（Chindarsi 1976: 100-103）。さらにチンダルシは、「豚は儀礼に利用し、売らない」と述べたあと、例外的に9戸が合計43頭の豚を市場に売った事例を示している（Chindarsi 1976: 143-144）。この例外の背景として、チンダルシは、1）町から薬を購入すれば病気治療の儀礼で豚を畜殺する必要がないことに人々が気付いたこと、2）米などを購入するための現金が不足していること、の2点を指摘している。このように豚の販売利用については、1930年代に調査を行ったベルナツィークは「豚を売る」と述べ、1960年代に調査を行ったチンダルシは「豚は売らない」と述べ、異なる見解を示している。

　以上の記述からは、豚は「放し飼い」されていたこと、また餌にはトウモロコシが与えられていたことなどが読み取れる。ただし、ここで整理した先行研究の記述が基づくそれぞれの調査村は、ゲデスとチンダルシはチェンマイ県に位置し（Chindarsi 1976、Geddes 1976）、ベルナツィークについては調査村の位置が明確ではない（Bernatzik 1947、1970）、という点に留意したい。

　なお、Geddes（1976: 133）はタイ北部チェンマイ県の人口570人（71戸）のモンの村を1966年に調査した。59戸について家畜調査を行い、豚412頭、鶏1057羽、馬82頭、犬93頭、山羊50頭、牛46頭がいると述べている（Geddes 1976: 195）。

　また、Tapp（1989）はタイ北部チェンマイ県において人口207人（27戸）のモンの村を1981年に調査した。24戸について家畜調査を行い、豚214頭、鶏694羽、馬84頭、牛177頭がいると述べている（Tapp 1989: 58）が、豚飼育について特段の記述はみられない。

アカ

　清水（2005）は、アカの家屋利用についての詳細な民族誌を描いているが、その中で、「四方を板や竹で囲いこまれた米倉の床下でブタが飼育されている」と記述し（清水 2005: 102）、詳細な米倉の床下図も示している（清水 2005: 98）。いっぽうで、家屋とその周辺の小屋等の分布図（清水 2005: 96）をみると、豚小屋が存在しているようで、「柵で囲った一角が設けられており、その中では数頭のブタが飼われている。その柵の中には堀立柱に片流れの屋根をつけた簡単な小屋がつくられており、ブタが雨や日差しをしのげるようになっている」とも記述

している（清水 2005:104）。また、トウモロコシを蓄えていた小屋に土を盛って
つくった炉があり、「炉の上には大ぶりの鍋がかけられており、毎日ブタの餌が
煮炊きされる。このような炉は、かつて家屋の中に設置されていたという」と
述べている（清水 2005:109）。このような豚餌用の炉は、アカの先行研究では、い
ずれも母屋に設置されていたという（清水 2005:147）。

　豚餌の準備過程については「まず、露台でスライスしたバナナの幹を大きな
鉄なべに入れる。（中略）それを屋敷の隅の小屋の床下にある小部屋の炉にかけ
て煮込む。つぎに、それに米ぬかや食事の残飯を加えて混ぜ合わせたものをバ
ケツに入れる。陽が落ちかかってくると、そのバケツをブタを放し飼いにして
いる柵の中に持ち込み、木桶に空けてブタに食べさせる。子ブタは屋敷の中で
放し飼いにしているために、車のタイヤを輪切りにして半分にしたものをプカ
（家屋の前面にある、なだらかな傾斜した空間）に置き、そこに同じ餌を入れて食べ
させる」と述べている（清水 2005:191）。

カレン

　飯島（1971）は、タイ北部メーホンソン県においてカレンの村を 1963 年〜
1965 年に調査した。調査村において豚は 25 戸中 14 戸で飼われると述べている
（飯島 1971:87）。

　Nakano（1980）は、タイ北部において、カレンの村（28 戸 183 人）を 1972 年か
ら 1974 年に調査した。調査村では、1973 年 4 月に平均 4.4 頭の豚が飼われ（Nakano
1980:55）、のべ 120 頭程度飼われていると推定している（Nakano 1980:57）。豚には
籾米が多く給与され、1 頭あたり年間に 100 〜 150kg 程度の籾米が与えられてい
ると推定している。そして、年間におよそ 70 頭を消費し、50 頭は畜殺、20 頭は
販売されると推定している（Nakano 1980:57）。

　Kunstadter（1978）は、タイ北部メーホンソン県においてルワの村（人口 233 人、
51 戸）を 1964 年から 1968 年に、カレンの村（人口 183 人、31 戸）を 1968 年から
1969 年に調査した（Kunstadter 1978:74-76）。家畜飼育について、6 ページにわたり
記述がある（Kunstadter 1978:100-105）。豚はルワの村では 46 戸（92%）で 138 頭を
飼い、カレンの村では 25 戸（81%）で 75 頭が飼われている（Kunstadter 1978:101）。
Kunstadter（1978:102）は「豚は食料と供犠用に飼育され、ときには周辺地域や低

地の市場で販売されることもある。豚は昼間放し飼いだが、夜間は家の下に繋がれる。餌には煮て混ぜられた、米、米ぬか、残飯、バナナ茎、野生タロイモの葉と茎が与えられる」と述べている。

ミエン

増野 (2005) はタイ北部パヤオ県においてミエンの村を 2004 年に調査した（人口 128 人、20 戸）。20 戸について家畜調査を行い、ブタ 116 頭、ニワトリ 200 羽、牛 104 頭が飼われていると述べている（増野 2005:158）。

1－2　ラオス

Izikowitz (2001) はラオスにおいてラメットの村を 1936 年から 1938 年に調査した。家畜飼育について、5 ページにわたり記述がある（Izikowitz 2001:200-205）。豚は、昼間は放し飼いで村内を歩くようすがみられ、夜間は家の下にヒモで括られている。また、夜間には虎が豚をねらって忍び寄ることがあると述べている。豚餌には米ぬかと米の炊飯汁が与えられると述べている（Izikowitz 2001:202）。

中田 (2004) は、ラオス南部チャンパーサック県の町パクセ近郊において、人口 186 人（33 戸）のンゲ（Ngae）の村を 1998 ～ 1999 年に調査した。豚飼育について、「豚は 1 軒にせいぜい 2 頭程度である。（中略）豚はニワトリやアヒルとともに農作業や家の建築など、村人たちを多く集めて作業を手伝ってもらう際に消費されることもあれば、売られて現金に換えられることも多い。子豚がたとえ 10 頭生まれても、雌豚だけが繁殖用に残され、雄豚はこうして消費されたり売られたりするため、最終的には 1 軒にせいぜい 1 ～ 2 頭しか残されないのである」と述べている（中田 2004:94-95）。

中辻ら (2015) は、ラオス北部ルアンパバーン県のウィエンカム郡のカムの村（人口 412 人、66 戸、標高 810m、村成立は 1976 年）を 2009 ～ 2014 年に調査した。2012 年の状況として、豚はのべ 267 頭が 56 戸（村の 88％の世帯）で飼われている。1 戸あたりでは 4.8 頭が飼われている。

また中辻ら (2015) は、村の集落から離れた焼畑地の近くの場（サナムと呼ばれる）に小屋を建てて、鶏・豚・牛などの家畜を飼う様子を示している。例えば 2013 年に、村の集落にある豚小屋は 1 つのみで、ほかの豚はすべてサナムに

ある豚小屋で飼われている。この背景には、道路沿いでの家畜の放し飼いを政府が禁じたことがあり、1992 年以降、放し飼いがしやすいサナムが作られるようになり、そこで家畜が飼われているという。なお、焼畑地に近接するサナムでは、農耕期間の雨季は舎飼いし、農閑期（12 月〜 4 月）には放し飼いをする。1 年中、放し飼いをするサナムも一部存在する。そして、村の集落では 1997 年頃から家畜が伝染病でよく死亡するようになったことも、サナムが作られる背景という。餌は、トウモロコシや米ぬかに加えて、キャッサバが重要な餌になっている。

1 － 3　中国

　阿部（2002:125）は中国・雲南省・西双版納傣族自治州においてジノの村（52 世帯 223 人）を 1993 年以降調査している。1990 年代の豚飼育について「ブタ用の小屋はあっても、必要なとき以外は小屋に入れず、村の中をブタが徘徊していた」と述べている（阿部 2002:150）。また、「村集落内で飼われているブタのほとんどが、村人に好んでたべられていた黒色のブタだった。ブタは春節のお祝いに各世帯でつぶすために飼われており、一部は現金収入にもなっていた。ブタのえさには飼料（筆者注：いわゆる「配合飼料」を指すと考えられる）は一切使われず、(2000 年代以降、飼料をえさの一部として与える世帯がみられるようになった)、畑でとれたトウモロコシを粉にしてゆでたもの、精米時にでたぬか、山で採った野芭蕉の偽茎を細かく切ってゆでたもの、数種類の採集された植物を細かく刻んだものを混ぜて与えていた。(中略) こうして育てたブタは自分たちで消費するほかに、町で売ったり、村落内で肉を切り売りして現金にすることもあった。1994 年時点でブタ肉は 1 斤（500 グラム）7 元で売買されており、大きなブタを町で売れば 300 元以上の収入となり、実際ブタは収入現としても重要だった」と述べている（阿部 2002:152）。

　梅崎（2004）は中国・海南島においてリーの村を 2000 〜 2001 年に調査した。梅崎（2004:115）は豚飼育について「豚は換金目的で飼養され、とくに子供の学費の支払いを目的としている。世帯あたり 3.6 頭の豚を飼養している。改良品種の子豚が農業普及所から入手され、子豚は 1 頭 250 元で、6 ヶ月の飼養後 500元で売れる。豚の飼料は米由来の酒粕にサツマイモの葉を刻んだものが用いら

れる。村内で再生産された豚は生後9ヶ月で130〜140斤になり500元弱で売れる」と述べている。

野林（2009）は台湾・蘭嶼島のヤミの人々を1990年代に調査した。家畜は豚と山羊と鶏を飼い、豚と山羊は、祝宴（家屋の新築祝いや船の進水式）で用いられる。飼育の規模は最大で5頭前後で、雌雄のつがいと子豚1〜2匹が飼育可能数という。

豚は豚舎や囲いがあるが、放し飼いの個体が頻繁にみられるという。「ブタは畜舎の外に出されて放し飼いにされていることも多く、大半のブタは日中は集落内外を餌をあさりながら徘徊していた」と述べている（野林2009:297）。また「給餌の見通しがあるか否かということは、ブタを放し飼いにするかどうかを決める重要な原因となっていた。ブタの餌に供するサツマイモの出来が悪い場合や、それらの収穫作業を怠っている場合には放し飼いにすることによって、所有者側の給餌の負担を軽減する行動が見られた。逆に、舎飼いにするのは給餌を確実にできる場合であり、出産間近な雌の個体を保護したり、授乳中の雌とその子どもの個体の生育を確実に行なう場合である」とも述べている（野林2009:298）。

豚の餌については、「人間の食べ残し（サツマイモ、サトイモ、米、魚、肉等）、サツマイモ、サツマイモの葉や蔓等で、これらに熱湯を加えたものを餌にしていた」「サツマイモを餌に加える場合は、必ずふかして調理したものを用いており、生のまま与えるということはしていなかった」「ブタに与えるサツマイモはいわゆる屑イモにあたるものである」「できのよいサツマイモは人間の食料となり、できの悪いサツマイモはブタの餌に選択的に用いられていた」と述べている（野林2009:298）。

生殖管理については、「繁殖雌を飼養するのは、将来的に家屋や彫刻船の建造を予定している場合が多い」と述べている（野林2009:299）。

1−4　マレーシア
イバン

市川（2002）は1990年代にボルネオ島サラワク州のイバンを調査した。豚は約80世帯のうち29世帯で飼育され、20頭ほど飼育する1世帯をのぞき、ほか

の世帯は 1 ～ 5 頭の範囲で飼育されると述べている（市川 2002: 111-112）。

1－5　パプアニューギニア

　豚の餌については、地域において異なる種類の餌が給与されることが示されている。例えば、パプアニューギニア高地はサツマイモ（Rappaport 1968、梅崎 2000、2007）、パプアニューギニア低地はパパイヤ（*Carica papaya*）、サゴ（*Metoxylon* spp.）、ヤムイモ（*Dioscorea* spp.）などである（Lea 1964）。

　タイ北部山地ではバナナの茎（*Musa* spp.）、米ぬか（*Oryza sativa*）、トウモロコシ種子（*Zea maize*）などが餌として給与される（Geddes 1976、Visitpanich and Falvey 1980）。しかし餌の量的な把握には偏りがみられる。すなわち、パプアニューギニア高地においてはサツマイモとキャッサバイモ（*Manihot esculenta*）の把握に限られ、とくにサツマイモが主となっている。これはパプアニューギニア高地において、サツマイモ栽培が重要であり、農耕産物であるサツマイモの人間と豚との間での消費割合に、研究の関心があることによる（Rappaport 1968、Kuchikura 1994、口蔵 1996、2002、梅崎 2000、小谷 2005）。

　例えば、Rappaport（1968）は、1963 年の 3 月 11 日から 11 月 8 日の間に 13 頭から 15 頭の豚に、サツマイモ 2515kg（5554 ポンド）、キャッサバ 501kg（1106 ポンド）が給与されたと述べている。口蔵（2002）は、1986 年 9 月 ～ 12 月に、カサンミン族のファコビップ村における 9 頭の 5 日間の調査から、1 日 1 頭あたりサツマイモ 900kg、キャッサバ 30g が給与されたと述べている。また、Kuchikura（1994）はサツマイモの全収穫量に占める豚餌の割合は 14 ～ 66％の間で調査地により異なると述べている。

　豚の餌の種類と量の把握は、畜産学などでも行われてきているが、これらはおよそ聞き取り調査に基づくものである。その結果として、一日あたり 1 頭あたりの餌の量が示されている（cf. Lemke et al. 2007）。

　生殖管理については、Baldwin（1978）により、パプアニューギニアにおいて 2 つの生殖管理タイプがあり、高地と低地で異なることが報告されている（cf. 秋道 1993、Akimichi 1998、Hide 2003）。Baldwin（1978）は、生殖管理の違いを豚飼育タイプとして次のように分類している。1）Pig-breeding タイプ（高地中心）：一部の雄を去勢せずに繁殖雄として交配に利用し、繁殖雄は集団の長がもつ。2）

Pig-rearing タイプ（低地中心）：すべての雄を去勢し、交配には森の雄「イノシシ」を利用する。

　また交配時の繁殖雄の齢について、パプアニューギニアのいくつかの調査地からの事例が報告され（Hide 2003）、最も若齢で8ヶ月、高齢で約2歳6ヶ月と述べている。

　豚の生産について、出産頭数は、Hide（1981:459）が37回の出産で179頭が生まれ、産子数4.8頭と述べている。また出産間隔について、3例（30週、57週、60週）を示している（Hide 1981:457）。畜産学からは生産指標として産子数、出産間隔、離乳時死亡率が報告される。

　例えば、タイ北部での1978年の調査から、産子数7.1頭、死亡率（離乳時）18%と述べられる（出産間隔は不明）（Visitpanich and Falvey 1980）。しかし、サンプルあたりの平均が述べられるために、各戸レベルの豚の生産の実態は明らかではない。

　豚の利用については、Hide（1981:485-486）が集団（33戸）で年間に55頭を畜殺したと述べている。このほかの地域では、消費と販売頭数が推定されるにとどまり、タイにおいて Nakano（1980）は、村全体（28戸183人）で年間に50頭を畜殺し、20頭を販売すると推定している。

　一定集団が豚を飼う状況を定量的に把握した研究の到達点となっている Hide（1981）の研究概要を述べる。Hide（1981）はパプアニューギニア高地のチンブ県（Chimbu）のシナシナ族を調査した。調査期間は1971年9月から1973年5月までの、のべ17ヶ月間となっている。調査集団は10戸（42人）で約45頭の豚を飼っていた（Hide 1981:604-605）。豚の生産については37回の出産で179頭が生まれ、産子数は4.8頭（Hide 1981:459）と述べている。豚を食する状況は、集団（33戸）で年間に55頭を畜殺したと述べている（Hide 1981:485-486）。

2　小まとめ

以上のように、この資料1では試みとして、タイでは、モン（Bernatzik 1947、1970、Geddes 1976、Tapp 1989）、アカ（清水 2005）、カレン（飯島 1971、Kunstadter 1978、Nakano 1980）、ミエン（増野 2005）の事例を整理した。またラオス（Izikowitz 2001、

中田 2004、中辻ら 2015)、中国・雲南省のジノ（阿部 2002）、中国・海南島のリー（梅崎 2004）、台湾・蘭嶼島のヤミ（野林 2009）、マレーシア・サラワク（市川 2002）、そしてパプアニューギニア（Lea 1964、Rappaport 1968、Baldwin 1978、Hide 1981、Kuchikura 1994、口蔵 1996、2002、梅崎 2000、小谷 2005、2021）の事例を整理した。

　以上の民族誌から得られた知見を基に、資料 1 付表として 17 の事例について、地域、民族、調査時期、飼育規模、飼育環境、餌、利用形態、のそれぞれの項目について整理した。

資料1付表　民族誌に散見される豚飼育に関する記述の整理

番号	対象地域	民族	調査時期	飼育規模	飼育環境	
1	タイ	モン	1930 年代	nd		
2	タイ	モン	1966	59 戸で 412 頭	昼間放し飼い	
3	タイ	モン	1981	24 戸で 214 頭	nd	
4	タイ	アカ	1990 年代	nd	囲い飼い、子豚は放し飼い	
5	タイ	カレン	1963-1965	25 戸中 14 戸で飼育	nd	
6	タイ	カレン	1972-1974	平 均 44 頭、28 戸で 120 頭と推定	nd	
7	ラオス	カム	2009-2014	66 戸（412 人）中 56 戸で飼育。56 戸で 267 頭。1 戸平均 48 頭	焼畑地近くの出作り小屋のあるサナムと呼ばれる場所。農耕期間の雨季は舎飼いし、農閑期（12 月〜4 月）には放し飼い	
8	中国雲南省・西双版納傣族自治州	ジノ	1993 年以降	nd	村の中をブタが徘徊	
9	台湾・蘭嶼島	ヤミ	1990 年代	1 戸が最大 5 頭前後	舎飼い、放し飼いの個体頻繁にあり	
10	マレーシア・ボルネオ島・サラワク州	イバン	1990 年代	約 80 世帯のうち 29 世帯で飼育。20 頭ほど飼育する 1 世帯をのぞき、1 〜 5 頭の範囲で飼育	nd	
11	パプアニューギニア	ツェンバガマリン	1962-1963	人口 204 人で 169 頭を飼育	放し飼い	
12	パプアニューギニア高地・チンブ県	シナシナ	1971-1973	10 戸（42 人）で約 45 頭の豚を飼育	放し飼い	
13	パプアニューギニア高地・ファコビップ村	カサンミン	1986	nd	放し飼い	
14	パプアニューギニア高地・タリ盆地	ウェナニ	1993	人口 158 人で 143 頭を飼育。1 世帯あたり 5] 頭。一人あたり 155 頭。	舎飼いと放し飼い。放し飼いは、湿地や休耕地	
15	パプアニューギニア高地・タリ盆地	フリ	1993-2000	ヘリ地域は 1 人あたり 06 頭、ウェナニ地域は 1 人あたり 12 〜 15 頭	舎飼いと放し飼い	
16	パプアニューギニア高地・南部高地州	ボサビ	1998-1999、2003、2006	150 人 31 世帯が 77 頭を飼育（1999 年）。村内の子豚は 12 頭、村外の豚は 65 頭（雄 26 頭、雌 39 頭）。一人あたり 051 頭	子豚は足に縄を付けられて所有者と行動を共にして、人づけする。半年から 1 年後には、村外に放たれ、放し飼いされる	
17	パプアニューギニア低地	アベラム	1961-1963	83 頭と子豚 26 頭	放し飼い	

出所：筆者作成

餌	利用形態	出所
調理屑、調理されたトウモロコシ、葉を取り除いた野生バナナの茎		Bernatzik（1970:496）
茹でたトウモロコシ		Ged s（1976:133）
nd	nd	Tap （1989）
バナナの幹、米ぬか、食事の残飯	nd	清水（2005）
nd	nd	飯島（1971:87）
1頭あたり年間100〜150kg 程度の籾米と推定	年間で70頭利用、50頭畜殺、20頭販売と推定	Nak no（1980）
トウモロコシ、米ぬか、キャッサバ	販売	中辻ら（2015）
トウモロコシ、米ぬか、野芭蕉の偽茎	春節に各世帯でつぶすために飼育。1994年時点でブタ肉は1斤（500グラム）7元で売買。大きなブタを町で売れば300元以上	阿部（2002:125）
サツマイモ、サトイモ、米、魚、肉等、サツマイモの葉や蔓等	トビウオ漁の開始時儀礼に子豚。家族用の滋養食。祝宴の主催時	野林（2009）
nd	nd	市川（2002:111-112）
サツマイモ	大規模な儀礼での大量畜殺で、1962年6月の169頭から、1963年11月には15頭の成豚と60の子豚に減少	Ra p t（1968）
サツマイモ	集団（33戸）で年間に55頭を畜殺	Hid （1981）
1日1頭あたりサツマイモ900g 、キャッサバ30g	nd	口蔵（2002）
サツマイモ	婚資、賠償、紛争和解の宴、販売。販売価格は、1歳の豚で80キナ（約8000円）、2〜3歳で200キナ（約20000円）以上	口蔵（1996）
サツマイモ	男性1人が死亡の場合の戦争補償として、成熟した豚90頭と成熟前の豚180頭。婚資として成熟した豚18頭と成熟前の豚9頭	梅崎（2000）
サツマイモ（1970年代から）	婚資（1970年代から）、消費（「自分の豚を食べてはいけない」という規範がある。購入あるいは分配された豚、もしくは狩猟された野生の豚が分配され食される）、販売	小谷（2021）
パパイヤ、サゴ、ヤムイモ	人口234人のイェニゴ村で年間16頭	Lea（1964:126）

【資料2】モンの研究に関する文献案内 (2024年10月現在、筆者作成)

1 英語等による主要文献（出版年順：タイとその周辺地域を主な調査地とするもの）

1－1 博士学位論文

Binney, George A. 1968 *The Social and Economic Organisation of Two White Meo Communities in Northern Thailand*. Ph.D. Thesis, Advanced Research Projects Agency, Washington D.C.

Cooper, Robert G. 1976 *Social Change among Hmong Opium Producers of Northwest Thailand*. Ph.D. Thesis, University of Hull.

Lee, Gary Yia 1981 *The Effects of Development Measures on the Socio-economy of the White Hmong*. Ph.D. Thesis, University of Sydney.

Tapp, Nicholas 1985 *Categories of Change and Continuity among the White Hmong of Northern Thailand*. Ph.D. Thesis, University of London.

Radley, Howard M. 1986 *Economic Marginalization and the Ethnic Consciousness of the Green Mong (Moob Ntsuab) of Northwestern Thailand*. Ph.D. Thesis, Oxford University.

Dennis, John Value Jr. 1987 *Farmer Management of Rice Variety Diversity in Northern Thailand*. Ph.D. Thesis, Cornell University.

Symonds, Patricia V. 1991 *Cosmology and the Cycle of Life: Hmong Views of Birth, Death and Gender in a Mountain Village in Northern Thailand*. Ph.D. Thesis, Brown University.

Michaud, Jean 1995 *Resistance et Flexibilite: Le Changement Social et le Tourisme dans un Village Hmong de Thailande*. Ph.D. Thesis, Université de Montréal (in French)

Tungittiplakorn, W. 1998 *Highland Cash Crop Development and Biodiversity Conservation: The Hmong in Northern Thailand*. Ph.D. Thesis, University of Victoria.

Leepreecha, Prasit 2001 *Kinship and Identity among Hmong in Thailand*. Ph.D. Thesis, University of Washington.

Johnson, Tracy Pilar 2005 *The (Im)possibilities of Becoming: Hmong Youth and the Politics of Schooling and Development in Thailand*. Ph.D. Thesis, Columbia University.

Chuamsakul, Songwit 2006 *Education and Hmong Culture Change: A Study of Two Hmong Villages in Northern Thailand*. Ph.D. Thesis, Trent University.

Lo, Lee 2007 *Hmong Cultural Survival in the Northern Thailand: Flower as Cash Cropping for Survival*. Ph.D. Thesis, California Institute of Integral Studies.

Kaewnuch, Kanokkarn 2010 *The Perceptions of Members of the Karen and Hmong Hill Tribes of the Impacts upon Their Communities Resulting from the Development of Tourism in Northern Thailand*. Ph.D. Thesis, Bournemouth University.

No, Sonyoku 2012 *Consideration on Indigenous Knowledge and Sustainable Resources Management among the Hmong of Laos into the Development Projects*. Ph.D. Thesis, University of Tsukuba.（盧容錫 2012 『ラオスモン族に関わる伝統的知識と持続的資源についての開発プロジェクトでの配慮』筑波大学博士論文）

Yang, Mong 2022 *A Descriptive Study of Female Pastors in the Hmong Churches in Thailand*. Ph.D. Thesis, Grand Canyon University.

Vang, Pa Yang 2023 *Developing a Mission Partnership Strategy Between the Boiling Springs First Baptist Church and the Hmong Thailand Baptist Association to Cultivate Discipleship among the Hmong Tribe in Northern Thailand*. Ph.D. Thesis, Southeastern Baptist Theological Seminary.

１－２　単行本・論集

Savina, F. M. 1924 *Histoire des Miao*. Hong Kong: Imprimerie de la Société des Missions-étrangères. (in French)

Bernatzik, Hugo Adolf 1947 *Akha und Meau. Probleme der Angewandten Völkerkunde in Hinterindien*. Innsbruck: Wagner'schen Univ. (in German)

Keen, F. G. B 1966 *The Meo of North-west Thailand: A Southeast Asian Hill Tribe*. Govt. Print.

Heimbach, Ernest E. comp. 1969 *White Meo - English Dictionary*. Southeast Asia Program, Cornell University.

Bernatzik, Hugo Adolf 1970 *Akha and Miao: Problems of Applied Ethnography in Farther India*. Human Relations Area Files. (Translated from the German by Nagler, A. Original version was published in 1947)

Lemoine, Jacques 1972 *Un Village Hmong Vert du Haut Laos*. Paris: Centre National de le Recherche Scientifique. (in French)

Geddes, William Robert 1976 *Migrants of the Mountains: The Cultural Ecology of the Blue Miao (Hmong Njua) of Thailand*. London: Oxford University Press.

Chindarsi, Nusit 1976 *The Religions of the Hmong Njua*. Bangkok: The Siam Society.

Mottin, Jean 1980 *History of the Hmong*. Bangkok: Odeon Store.

Cooper, Robert 1984 *Resource Scarcity and the Hmong Response: Patterns of Settlement and Economy in Transition*. Singapore: Singapore University Press

Tapp, Nicholas 1986 *The Hmong of Thailand: Opium People of the Golden Triangle*. London: Anti-Slavery Society.

Hendricks, Glenn L.; Downing, Bruce T. and Deinard, Amos S. eds. 1986 *The Hmong in Transition*. Center for Migration Studies of New York; Southeast Asian Refugee Studies of the University of Minnesota.

Tapp, Nicholas 1989 *Sovereignty and Rebellion: The White Hmong of Northern Thailand*. Oxford and New York: Oxford University Press.

Smalley, William A.; Vang, Chia Koua and Yang, Gnia Yee 1990 *Mother of Writing: The Origin and Development of Hmong Messianic Script*. Chicago and London: The University of Chicago Press.

Long, Lynellyn D. 1993 *Ban Vinai: The Refugee Camp*. New York: Columbia University Press.

Chan, Sucheng ed. 1994 *Hmong Means Free: Life in Laos and America*. Philadelphia: Temple University Press.

Géraud, Marie-Odile 1997 *Regards sur les Hmong de Guyane Française: Les Détours d'une Tradition*. Paris: L'Harmattan. (in French)

Fadiman, Anne 1997 *The Spirit Catches You and You Fall Down: A Hmong Child, Her*

American Doctors, and the Collision of Two Cultures. New York: Farrar, Straus and Giroux.

Cooper, Robert 1998 *The Hmong: A Guide to Traditional Life*. Singapore: Times Editions. (Reissue 2008 *The Hmong: A Guide to Traditional Life*. Lao-Insight Books)

Morrison, Gayle L. 1999 *Sky Is Falling: An Oral History of the CIA's Evacuation of the Hmong from Laos*. Jefferson: McFarland.

Tapp, Nicholas 2003 *The Hmong of China: Context, Agency, and the Imaginary*. Boston: Brill.

Tapp, Nicholas; Michaud, Jean; Culas, Christian and Lee, Gary Yia eds. 2004 *Hmong/ Miao in Asia*. Chiangmai: Silkworm books.

Tapp, Nicholas and Lee, Gary Yia eds. 2004 *The Hmong of Australia: Culture and Diaspora*. Canberra: Pandanus Books.

Symonds, Patricia V. 2004 *Calling in the Soul: Gender and the Cycle of Life in a Hmong Village*. Seattle: University of Washington Press.

Hein, Jeremy 2006 *Ethnic Origins: The Adaptation of Cambodian and Hmong Refugees in Four American Cities*. New York: Russel Sage Foundation.

Michaud, Jean 2006 *Historical Dictionary of the Peoples of the Southeast Asian Massif*. Lanham: Scarecrow Press.

Tomforde, Maren 2006 *The Hmong Mountains: Cultural Spatiality of the Hmong in Northern Thailand*. Hamburg: Lit Verlag.

Michaud, Jean 2007 *'Incidental' Ethnographers: French Catholic Missions on the Tonkin-Yunnan Frontier, 1880-1930*. Leiden: Brill.

Yang, Kao Kalia 2008 *The Latehomecomer: A Hmong Family Memoir*. Minneapolis: Coffee House Press.

Congming, Yang 2009 *Rational Farming: Development and Change in Date Hmong Community*. Saarbrucken: Lambert Academic Publishing.

Michaud, Jean 2009 *The A to Z of the Peoples of the Southeast Asian Massif*. Lanham: Scarecrow Press.

Hillmer, Paul 2010 *A People's History of the Hmong*. St. Paul: Minnesota Historical

Society Press.

Lee, Gary Yia and Tapp, Nicholas 2010 *Culture and Customs of the Hmong*. Santa Barbara: Greenwood.

Miao, Yun 2010 *Commercializing Hmong Used Clothing: The Transnational Trade in Hmong Textiles across the Mekong Region*. Chiangmai: RCSD, Chiangmai University.

Tapp, Nicholas 2010 *The Impossibility of Self: An Essay on the Hmong Diaspora*. Berlin: Lit Verlag.

Vang, Chia Youyee 2010 *Hmong America: Reconstructing Community in Diaspora*. Urbana, Chicago and Springfield: University of Illinois Press.

Her, Vincent K. and Buley-Meissner, Mary Louise eds. 2012 *Hmong and American: from Refugees to Citizens*. St. Paul: Minnesota Historical Society Press.

Bloomfield, Martha Aladjem 2014 *Hmong Americans in Michigan*. East Lansing: Michigan State University Press.

Nibbs, Faith G. 2014 *Belonging: The Social Dynamics of Fitting in as Experienced by Hmong Refugees in Germany and Texas*. Durham: Carolina Academic Press.

Lee, Mai Na M. 2015 *Dreams of the Hmong Kingdom: The Quest for Legitimation in French Indochina, 1850-1960*. Madison: The University of Wisconsin Press.

Turner, Sarah; Bonnin, Christine and Michaud, Jean 2015 *Frontier Livelihoods: Hmong in the Sino-Vietnamese Borderlands*. Seattle and London: University of Washington Press.

Ngô, Tâm T. T. 2016 *The New Way: Protestantism and the Hmong in Vietnam*. Seattle: University of Washington Press.

Michaud, Jean; Swain, Margaret Byrne and Barkataki-Ruscheweyh, Meenaxi 2016 *Historical Dictionary of the Peoples of the Southeast Asian Massif, 2nd edn.* Lanham: Rowman & Littlefield.

Vang, Chia Youyee; Nibbs, Faith and Vang, Ma eds. 2016 *Claiming Place: On the Agency of Hmong Women*. Minneapolis: University of Minnesota Press.

Feng, Xianghong 2017 *Tourism and Prosperity in Miao Land: Power and Inequality in Rural Ethnic China*. Lanham: Lexington Books.

Ó Briain, Lonán 2018 *Musical Minorities: The Sounds of Hmong Ethnicity in Northern Vietnam*. New York: Oxford University Press.

Vang, Chia Youyee 2019 *Fly Until You Die: An Oral History of Hmong Pilots in the Vietnam War*. New York: Oxford University Press.

Vang, Chia Youyee 2020 *Prisoner of Wars: A Hmong Fighter Pilot's Story of Escaping Death and Confronting Life*. Philadelphia: Temple University Press.

Vue, Mai Zong 2020 *Hmong in Wisconsin*. Madison: Wisconsin Historical Society Press.

Vang, Ma 2021 *History on the Run: Secrecy, Fugitivity, and Hmong Refugee Epistemologies*. Durham and London: Duke University Press.

Saurman, Mary Elizabeth 2021 *Hmong Songs in Education through a Therapeutic Lens: An Innovative Approach in Northern Thailand*. Bangkok: White Lotus.

Katz, Paul R. 2022 *Religion, Ethnicity, and Gender in Western Hunan during the Modern Era: The Dao among the Miao?* London: Routledge.

Rumsby, Seb 2023 *Development in Spirit: Religious Transformation and Everyday Politics in Vietnam's Highlands*. Madison: The University of Wisconsin Press.

Chazée, Laurent 2023 *Communautés Rurales du Laos: la Génération de l'oubli: Peuples Ruraux de la Famille Linguistique Miao-Yao*. Paris: L'Harmattan. (in French)

Ma, Yuhua 2023 *Regional Culture and Social Change: A Study of Miao-inhabited Areas of Southwest China*. Singapore: Springer. Translated from the Chinese by Jiangcheng Zhang.

Borja, Melissa May 2023 *Follow the New Way: American Refugee Resettlement Policy and Hmong Religious Change*. Cambridge: Harvard University Press.

Baird, Ian G. 2024 *Thailand's Volunteer Hill Tribe Militia (1970-1983): An Under-Recognized, Anti-Communist Force*. Bangkok: White Lotus.

2　日本語による主要文献（出版年順）

2−1　博士学位論文

寺尾（乾）美紀 2001 『ラオスにおける少数民族の教育問題』神戸大学博士論文

唐堅 2002『中国湖南省鳳凰県苗族民家の内部空間構成に関する研究』鹿児島大学博士論文

楊志強 2005『「苗」から「苗族（ミャオ族）」へ　近代民族集団の形成及び民族的アイデンティティ再構築の過程について』東京大学博士論文

金丸良子 2005『中国少数民族ミャオ族の生業形態に関する地理学的研究』岡山大学博士論文

鳥丸貞恵 2005『中国貴州省苗（ミャオ）社会の染織技術』大阪芸術大学博士論文

陳晶 2006『中国における少数民族観光の社会的影響　貴州省黔東南苗族トウ族自治州を事例として』日本大学博士論文

中井信介 2008『タイ北部におけるモン族の豚飼養に関する環境人類学的研究』総合研究大学院大学博士論文

山下眞理子 2008『中国少数民族苗族の歯の人類学的研究　他の少数民族集団やアジア集団との関連』日本大学博士論文（英文）

陶冶 2008『中国ミャオ族の儀礼と社会の変容　貴州省東南部雷山県の『短裙苗』の事例を中心として』慶應義塾大学博士論文

吉川太恵子 2011『時空を超える絆　難民として移住した三カ国のモン族社会を事例に』法政大学博士論文

馬晟 2011『苗族武術の観光化変容　湖南省湘西土家族苗族自治州鳳凰県勾良村を事例として』早稲田大学博士論文

宮脇千絵 2012『変化しつづける装い　中国雲南省文山モンの自己と他者をめぐる人類学的服飾研究』総合研究大学院大学博士論文

任亜鵬 2012『楚文化を持つ苗族・土家族の伝統的集落と建築空間における環境観に関する研究』神戸芸術工科大学博士論文

吉井千周 2013『マイノリティの固有法とその社会の法化現象についての研究　モン族を事例として』鹿児島大学博士論文

佐藤若菜 2016『中国貴州省ミャオ族における民族衣装がつなぐ母娘関係の動態　女性のライフコースと社会経済的変化に着目して』京都大学博士論文

孟蒙 2016『清水江苗族龍舟競漕の観光化変容』早稲田大学博士論文

李雪 2018『中国貴州省における少数民族の穿闘式木造民家の建設に関する研究　黔東南ミャオ族トン族自治州公納村を対象として』筑波大学博士論文

張勝蘭 2020『苗族における伝統社会の変遷とアイデンティティ　貴州高坡苗族を中心に』早稲田大学博士論文

Yang, Meizhu 2020『苗族社会における刺繍と社会関係をめぐる文化人類学的研究　1950 年代以降の中国貴州省黔東南州雷山県西江村を中心として』山口大学博士論文

曹紅宇 2020『現代中国における社会変容と苗族の宗教的職能者　貴州省黔東南州台江県施洞鎮の苗族の文化人類的研究を事例として』山口大学博士論文

今井彬暁 2020『ベトナムのモンの二元論における諸存在の制作と構成「常世」と「現世」の関係に着目して』総合研究大学院大学博士論文

郭睿麒 2021『苗族櫛と社会関係をめぐる文化人類学的研究　1950 年代以降の中国貴州省黔東南州台江県施洞鎮の事例を中心に』山口大学博士論文

王建明 2022『苗族の伝統的服飾「百鳥衣」にみられるものづくりの文化　中国貴州省黔東南苗族トン族自治州における現地調査を中心として』千葉大学博士論文

筒井勝治 2022『ラオス国水力発電プロジェクトの少数民族モン族の移転補償に関する研究』京都大学博士論文

肖凌翬 2022『南西中国ミャオ族の服飾に関する文化人類学的研究　中国貴州省施洞鎮ダンプウの事例を中心に』広島大学博士論文

２−２　単行本

鳥居龍藏 1907『苗族調査報告』東京帝国大学理科大学人類学教室（1976『鳥居龍藏全集　第 11 巻』朝日新聞社所収、復刻版 2001 龍溪書舎：東京）

鳥居龍藏 1926『人類学上より見たる西南支那』冨山房：東京（復刻版 1994 ゆまに書房：東京）

松崎壽和 1947『苗族と猓玀族　西南支那民族誌』日光書院：東京

村松一弥編訳 1974『苗族民話集』平凡社：東京

白鳥芳郎編 1978『東南アジア山地民族誌　ヤオとその隣接諸種族』講談社：東京

菊池一雅 1979『ケシをつくる人々』三省堂：東京

君島久子・太田大八 1982『アジアの民話』講談社：東京

肖甘牛・君島久子・赤羽末吉 1985『あかりの花　中国苗族民話』福音館書店：

　　東京

白鳥芳郎 1985『華南文化史研究』六興出版：東京

鈴木正崇・金丸良子 1985『西南中国の少数民族　貴州省苗族民俗誌』古今書院：
　　東京

鈴木正崇 1985『中国南部少数民族誌　海南島・雲南・貴州』三和書房：京都

萩原秀三郎 1987『稲を伝えた民族　苗族と江南の民族文化』雄山閣出版：東京

田畑久夫・金丸良子 1989『中国雲貴高原の少数民族　ミャオ族・トン族』白帝
　　社：東京

伊藤五子・柴村恵子 1991『中国貴州省の少数民族　黔東南苗族の生活と衣裳』
　　関西衣生活研究会：大阪

名古屋女子大学生活科学研究所 1995『中国貴州省の少数民族をたずねて　苗
　　族・布依族の食文化』名古屋女子大学生活科学研究所：名古屋

福田アジオ編 1996『中国貴州苗族の民俗文化　日本と中国との農耕文化の比較
　　研究』国立歴史民俗博物館：佐倉

竹内正右 1999『モンの悲劇　暴かれたケネディの戦争の罪』毎日新聞社：東京

鳥丸貞恵 1999『布の風に誘われて　中国貴州苗族染織探訪 13 年　Fabric graffiti』
　　西日本新聞社：福岡（イングデザイン研究所編）

ダニエルス・クリスチャン、楊有賡、武内房司編 2001『貴州苗族林業契約文書
　　匯編　1736 年 - 1950 年』東京外国語大学アジア・アフリカ言語文化研究
　　所：東京（2001 第 1 巻、2002 第 2 巻、2003 第 3 巻）（2005 東京大学出版会：東京）

鳥丸貞恵 2001『時を織り込む人々　中国貴州苗族染織探訪 15 年　Spiritual
　　fabric』西日本新聞社：福岡

安井清子 2001『空の民の子どもたち　難民キャンプで出会ったラオスのモン族
　　増補改訂版』社会評論社：東京

乾美紀 2004『ラオス少数民族の教育問題』明石書店：東京

竹内正右 2004『ラオスは戦場だった』めこん：東京

金丸良子 2005『中国少数民族　ミャオ族の生業形態』古今書院：東京

国立民族学博物館編 2008『深奥的中国　少数民族の暮らしと工芸』東方出版：
　　大阪

田中一夫 2011『歌とともに生きる　中国・貴州省苗族の村　写真集』岩波書店：

東京

安井清子 2012 『ラオスの山からやってきたモンの民話』ディンディガル・ベル：
　　　東京

鈴木正崇 2012 『ミャオ族の歴史と文化の動態　中国南部山地民の想像力の変
　　　容』風響社：東京

吉川太恵子 2013 『ディアスポラの民　モン』めこん：東京

安井清子 2015 『ラオス　山の村に図書館ができた』福音館書店：東京

宮脇千絵 2017 『装いの民族誌　中国雲南省モンの「民族衣装」をめぐる実践』風
　　　響社：東京

鳥丸知子 2017 『ミャオ族の民族衣装　刺繍と装飾の技法』誠文堂新光社：東京

佐藤若菜 2020 『衣装と生きる女性たち　ミャオ族の物質文化と母娘関係』京都
　　　大学学術出版会：京都

ファディマン・アン 2021 『精霊に捕まって倒れる　医療者とモン族の患者、二
　　　つの文化の衝突』みすず書房：東京（原著：Fadiman 2012、Fadiman 1997 の 15
　　　周年版、忠平美幸・齋藤慎子訳）

安井清子 2023 『わたしのスカート』福音館書店：東京

２−３　論文等（著者別）

乾美紀 1998 「故郷をうしなったモン族」季刊民族学 22（2）：104-109.

今井彬暁 2014 「つながりを創る行商活動　ベトナムの観光地サパにおける少数民
　　　族行商人女性と国外観光客のあいだの互酬的関係」総研大文化科学研究
　　　10: 235-249.

今井彬暁 2017 「シンボル、実践、関係　祖先祭祀から見るモンの親族研究の 3
　　　つの視座」総研大文化科学研究 13: 77-97.

内海涼子 2001 「ヴェトナム北部ラオカイ省サパ県のモン族の衣文化」日本服飾
　　　学会誌 20: 46-54.

植田啓嗣 2018 「国民統合教育と山地民のアイデンティティ　タイのモン族の事
　　　例」国際教育 24: 48-62

郭睿麒 2020 「櫛製作をめぐるヒトとモノの相互的関係　櫛製作の「身体知」と
　　　ブリコラージュ的実践」東アジア研究（山口大学）18: 83-103.

郭睿麒 2021「苗族櫛から見る中国黔東南州地域の苗族のエスニックバウンダリー　中国貴州省台江県施洞鎮一帯の苗族を事例に」白山人類学 24: 15-48.

グエン ゴック・ミン（Nguyen Ngoc Minh）2018「ベトナム、ラオカイ省サパ市場におけるモン族とザオ族の文化資源の利活用」人間社会環境研究（金沢大学）36: 13-26.（英語文）

佐藤若菜 2014「衣装がつなぐ母娘の「共感的」関係　中国貴州省のミャオ族における実家・婚家間の移動とその変容」文化人類学 79（3）: 305-327.

佐藤若菜 2018「中国貴州省のミャオ族における民族衣装の物質性　上衣の製作に着目して」民族芸術 34: 141-148.

佐藤若菜 2021「「民族」を変える人々　中国貴州省東南部のミャオ族と漢族の村の事例から」アジア民族文化研究 20: 1-17.

佐藤若菜 2023「「手本の複製／見本からの創造」からみた手仕事の真正性　中国貴州省のミャオ族における手刺繍と機械刺繍の位置づけ」文化人類学 88（3）: 505-522.

佐藤若菜 2024「民族衣装への部分的関心にもとづく収集　中国貴州省のミャオ族の事例から」民族芸術 40: 46-55.

鈴木正崇 1984「中国貴州省苗族の村」季刊民族学 8(1):100-109.

鈴木正崇 1988「龍船節についての一考察　貴州省苗族の事例研究」調査研究報告（学習院大学東洋文化研究所）25: 105-123.

鈴木正崇 1990「龍の顕現　貴州苗族の世界観の諸相」末成道男編『文化人類学 8　特集中国研究の視角』アカデミア出版会：京都 pp.98-103.

鈴木正崇 1992「苗族の神話と祭祀　鼓社節を中心として」日中文化研究 3: 111-118.

鈴木正崇 1994a「苗族の正月の来訪者　モウコウとマンガオ」季刊民族学 18(1):94-104.

鈴木正崇 1994b「苗族の来訪神　中国・広西融水苗族自治県の春節」宮家準・鈴木正崇編『東アジアのシャーマニズムと民俗』勁草書房：東京 pp.362-391.

鈴木正崇 1996「苗族春節的来訪神」民族藝術 44(3):185-198.

鈴木正崇 1998「「民族意識」の現在　ミャオ族の正月」可児弘明・国分良成・鈴木正崇・関根政美編『民族で読む中国』朝日新聞社：東京 pp.143-182.

鈴木正崇 1999「祖先祭祀の変容　中国貴州省苗族の鼓社節の場合」宮家準編『民俗宗教の地平』春秋社：東京 pp.301-316.

鈴木正崇 2000「苗族の巫女さんたち　中国・湖南の場合」星野紘・野村伸一編『歌・踊り・祈りのアジア』勉誠社：東京 pp.152-175.

鈴木正崇 2002「死者と生者　中国貴州省苗族の祖先祭祀」慶應義塾大学日吉紀要（言語・文化・コミュニケーション）29: 55-102.

鈴木正崇 2008「苗族の正月風景　来訪神と祖先祭祀」口承文藝研究 31: 162-166.

鈴木正崇 2009「神話の変貌と再構築　中国貴州省黔東南の苗族を中心に」篠田知和基編『神話・象徴・言語 II』楽瑯書院：名古屋 pp.263-276.

鈴木正崇 2010a「祭祀と世界観の変容　中国貴州省苗族の龍船節をめぐって」法學研究（法律・政治・社会）83(2):181-254.

鈴木正崇 2010b「中国貴州省の観光化と公共性　ミャオ族の民族衣装を中心として」藤田弘夫編『東アジアにおける公共性の変容』慶應義塾大学出版会：東京 pp.303-329.

鈴木正崇 2010c「ミャオ族の神話と現代　貴州省黔東南を中心に」鈴木正崇編『東アジアにおける宗教文化の再構築』風響社：東京 pp.147-211.

鈴木基義・安井清子 2002「ラオス・モン族の食糧問題と移住」東南アジア研究 40（1）: 23-41.

曹紅宇 2020「苗族社会における宗教的職能者の伝承形態からみる父系理念　中国貴州省黔東南州施洞鎮のゴウヒャンヒャンを事例に」東アジア研究（山口大学）18: 65-82.

曽士才 1988「西南中国の少数民族社会におけるキリスト教の受容」季刊中国研究 10: 37-49.

曽士才 1989「西南中国におけるキリスト教　ミャオ族とイ族の集団改宗」列島の文化史 6: 159-176.

高明潔・曽士才 1990「北京の少数民族　都市少数民族のアイデンティティー」民族學研究 54（4）: 496-505.

曽士才 2000「ミャオ族におけるシャーマニズム　招魂儀礼の事例報」異文化・論文編（法政大学国際文化学部）1: 289-327.

曽士才 2001「中国における民族観光の創出　貴州省の事例から」民族學研究 66

(1): 87-105.

曽士才 2002「中国における少数民族の『観光出稼ぎ』と村の変貌」吉原和男・鈴木正崇編『拡大する中国世界と文化創造　アジア大西洋の底流』弘文堂：東京 pp.32-54.

曽士才 2005「中国における民族表象のポリティクス　ミャオ族の張秀眉塑像建造運動を例にして」長谷川清・塚田誠之編『中国の民族表象　南部諸地域の人類学・歴史学的研究』風響社：東京 pp.303-330.

曽士才 2007「華南におけるミャオ族のケガレ観念　婚姻忌避の深層」阿部年晴・綾部真雄・新屋重彦編『辺縁のアジア　〈ケガレ〉が問いかけるもの』明石書店：東京 pp.212-241.

曽士才 2008「貴州におけるミャオ文字の創作とバイリンガル教育」塚田誠之編『民族表象のポリティクス　中国南部の人類学・歴史学的研究』風響社：東京 pp.27-61.

曽士才 2012「民族の名のりと移住　貴州省黔東南苗族侗族自治州の事例から」瀬川昌久編『近現代中国における民族認識の人類学』昭和堂：京都 pp.59-72.

武内房司 1982「太平天国期の苗族反乱について　貴州東南部苗族地区を中心に」史潮 12: 26-56.

武内房司 1994「清代貴州東南部ミャオ族に見る「漢化」の一側面　林業経営を中心に」竹村卓二編『儀礼・民族・境界　華南諸民族の「漢化」の諸相』風響社：東京 pp.81-103.

谷口裕久 1990「民族集団の動態とエスニシティ　貴州省東南部ミャオ族の事例から」社会学雑誌 7: 196-217.

谷口裕久 1992「「ミャオ」カテゴリーとアイデンティティの位相」社会学雑誌 9: 137-151.

谷口裕久 1994「モン族社会における医療の民俗論理」社会学雑誌 11: 157-172.

谷口裕久 2001「雲南系漢人における移住・家族・祭祀　タイ北部の事例から」吉原和男・クネヒトペトロ編『アジア移民のエスニシティと宗教』風響社：東京 pp.351-374.

谷口裕久 2002「タイ山地民における社会変容の諸側面　モン (Hmong) 族におけ

る家族・親族をめぐって」比較家族史研究 17: 35-57.

谷口裕久 2003a「モン・ミャオにおける移住と文化社会戦略」塚田誠之編『民族の移動と文化の動態』風響社：東京 pp.135-157.

谷口裕久 2003b「タイ山地民における社会変容の諸側面　モン（Hmong）族における家族・親族をめぐって」比較家族史研究 17: 35-57.

谷口裕久 2005a「エスニック・メディアをめぐる認識と表象　雲南省「苗族」の事例から」長谷川清・塚田誠之編『中国の民族表象　南部諸地域の人類学・歴史学的研究』風響社：東京 pp.145-171.

谷口裕久 2005b「モン　国民国家と民族の現在」林行夫・合田濤編『講座　世界の先住民族　東南アジア』明石書店：東京 pp.98-122.

谷口裕久 2005c「可変する村と人　雲南省「ミャオ族」村における生活実態から」北原淳編『東アジアの家族・地域・エスニシティ　基層と動態』東信堂：東京 pp.271-287.

谷口裕久 2005d「多民族国家中国と少数民族世界」アジア遊学 81: 10-23.

谷口裕久 2007「ベトナム北部におけるモンの移住志向とその背景」ベトナムの社会と文化 7: 103-130.

谷口裕久 2017「現代中国における文化と社会のポリティクス　貴州省西南部における「国際マウンテンツーリズム」考」大阪観光大学紀要 17: 19-33.

田畑久夫 2001「ミャオ・ヤオ語族の民族」『中国少数民族事典』東京堂出版：東京 pp.162-173.

田畑久夫 2015「鳥居龍藏の少数民族調査に関する研究手法　ミャオ族調査を事例として」昭和女子大学大学院生活機構研究科紀要 24: 11-31.

田畑久夫 2018「鳥居龍藏のミャオ族調査の特徴　台湾の少数民族調査との比較を通して」昭和女子大学大学院生活機構研究科紀要 27: 1-30.

田畑久夫・金丸良子 1997「ベトナムの山岳民族(2)　モン族」地理 42 (8): 92-98.

張勝蘭 2016「清朝の反「苗」政策と「苗」伝統社会のリーダーについて」WASEDA RILAS JOURNAL 4: 73-83.

坪郷英彦 2020「中国貴州省黔東南苗族・侗族自治州の工芸産業の変化　農家工芸を中心として」異文化研究 14: 73-82.

鶴田格 1997「北部タイ山間部における自然・社会環境の変化と農民の適応　タ

イ族とモン族の混合村落における両者の適応の違いについて」農耕の技術と文化 20: 87-104.

中井信介 2010「タイ北部の山村におけるモンのタケ利用の特性とその意思決定に関する予備的考察」BIOSTORY 13: 88-99.

中井信介 2011「タイ北部におけるモンの豚飼養の特性とその変化に関する覚え書」文化人類学 76 (3): 330-342.

中井信介 2013「タイ北部の山村における豚の小規模飼育の継続要因」地理学評論 86 (1): 38-50.

中井信介 2016「生業の域内多様度に関する予備的考察　タイのモン村落における豚飼育の専業化事例」哲学論集 62: 70-84.

中井信介 2020「生き物を「飼う」動機について　タイ山村におけるモン族の暮らしから」BIOSTORY 34: 36-45.

中井信介 2021「移動する民モンの焼畑変容」季刊民族学 177: 52-57.

中川理 2019「移民と国民の連続性　フランスのモン (Hmong) の事例から」石井正子、中川理、マーク・カプリオ、奥野克巳編『移動する人々　多様性から考える』晃洋書房：京都 pp.129-156.

中川理 2022「自分自身のパトロンになる　フランスのモン農民の生き方」季刊民族学 179: 14-20.

真下厚 2022「中国湘西苗族歌文化の地域的特徴」アジア民族文化研究 21: 77-98.

真下厚 2024「中国湘西苗族のシャーマニズム」アジア民族文化研究 23: 77-82.

宮脇千絵 2003「ミャオ族の衣服の商品化と流通　雲南省屏辺ミャオ族自治県の事例から」国際文化学 9: 97-112.

宮脇千絵 2010「民族衣装の既製服化　中国雲南省のミャオ族衣装の変化の様相」総研大文化科学研究 6: 41-64.

宮脇千絵 2011「かたちをまとう生者、素材をまとう死者　中国雲南省におけるモン (ミャオ族) の麻文化」南方文化 38: 19-42.

宮脇千絵 2014「民族衣装における現代的流行　中国雲南省モンの事例から」民族芸術 30: 111-118.

Miyawaki, C. 2014 Ethnic Dress as the Brand and Fashion: A Case Study of the Process of Ready-Made Production among Miao (Hmong) in Wenshan, Yunnan.

Senri Ethnological Studies 90: 169-185.（中国語文）

宮脇千絵 2015「花嫁が着替えるとき　モンの衣装にこめられた意味」季刊民族学 39（1）: 69-86.

宮脇千絵 2019「民族表象と経営　中国ミャオ族／モンの「文化伝承保護館」の取り組みから」人類学研究所研究論集 6: 80-96.

宮脇千絵 2023「プリント化・手仕事化するスカート　中国モン（ミャオ族）衣装のオーセンティシティ獲得のプロセス」文化人類学 88（3）: 523-542.

安井清子 1991「針と糸をもったかたりべ　モン族の針仕事」季刊民族学 15（4）: 62-72.

安井清子 1994「モン族と出会い　そして自分と出会う　難民の子どもたちとの出会いより」教育評論 567: 27-31.

山部健介 2014「ベトナム・モン族に対する言語教育を通じた国民化政策　就学率・識字率向上からプロテスタント改宗阻止へ」アジア・アフリカ地域研究 14（1）: 64-95

楊梅竹 2018「苗族刺繍の母娘伝承を再考する　中国貴州省黔東南苗族侗族自治州西江鎮を事例として」東アジア研究（山口大学）16: 23-40.

楊梅竹 2020「糸からの苗族刺繍研究：中国貴州省黔東南苗族侗族自治州雷山県西江鎮の刺繍を研究対象として」東アジア研究（山口大学）18: 45-63.

吉井千周 2002「マイノリティにおけるインターネットの活用　タイ王国ナーン県、パ・クラン村のモン族事例報告」情報処理学会人文科学とコンピュータシンポジウム論文集 13: 185-192.

吉井千周 2004a「変容する山地民の紛争処理　モン族の離婚紛争を事例として」アジア女性研究 13: 76-83.

吉井千周 2004b「タイ近代法システムに対するモン族の適応戦略」SFC Journal 3: 94-117.

宮原千周 2008「山地民の法意識（一）　モン族を事例として」都城工業高等専門学校紀要 42: 49-58.

吉井千周 2014「モン族コミュニティにおける情報メディアの利用」都城工業高等専門学校研究報告 48: 113-123.

吉井千周 2015「固有法の適応と変容　在米モンコミュニティの誘拐婚を事例と

して」アジア法研究 1-18

吉開将人 2008「苗族史の近代　漢族西来説と多民族史観」北海道大学文学研究
　　科紀要 124: 25-55.

吉開将人 2009a「苗族史の近代　（続篇）」北海道大学文学研究科紀要 127: 81-121.

吉開将人 2009b「苗族史の近代　（三）」北海道大学文学研究科紀要 129: 29-84.

吉開将人 2010a「苗族史の近代　（四）」北海道大学文学研究科紀要 130: 1-61.

吉開将人 2010b「苗族史の近代　（五）」北海道大学文学研究科紀要 131: 1-51.

吉開将人 2010c「苗族史の近代　（六）」北海道大学文学研究科紀要 132: 49-138.

吉開将人 2011「苗族史の近代　（七）」北海道大学文学研究科紀要 134: 1-55.

吉川太惠子 2009「時空を越えて　離散した人々を繋ぐ親族関係（Kinship）　三カ
　　国に生きるラオスの少数民族モン族（Hmong）を事例に」法政大学大学院
　　紀要 62: 13-27.

索　引

著者紹介

中井信介（なかい・しんすけ）

1976 年滋賀県生まれ。佐賀大学農学部准教授。博士（学術）。名古屋大学農学部卒業。総合研究大学院大学先導科学研究科修了。専門は人類学、地理学。主な著書に『モンスーンアジアの生態史　第 1 巻　生業の生態史』（弘文堂、2008 年、共著）、『生き物文化の地理学』（海青社、2013 年、共著）、『生態人類学は挑む　SESSION3　病む・癒す』（京都大学学術出版会、2021 年、共著）、『Global Ecology in Historical Perspective: Monsoon Asia and Beyond』（Springer、2023 年、共著）など。

豚を飼う農耕民の民族誌
——タイにおけるモンの生業文化とその動態

2025年3月25日　初版第1刷発行

著　者　　中 井 信 介
発行者　　大 江 道 雅
発行所　　株式会社 明石書店
　　　　　〒101-0021　東京都千代田区外神田6-9-5
電　話　　03（5818）1171
ＦＡＸ　　03（5818）1174
振　替　　00100-7-24505
　　　　　https://www.akashi.co.jp/
装　丁　　谷川のりこ
印刷・製本　モリモト印刷株式会社

〈価格は本体価格です〉